저의 가장 큰 소망은
여러분이 부자가 되는 것입니다.

我最大的願望
就是讓你變得富有。

比特幣超級循環

幣圈新手必讀！最即時、最好懂的比特幣投資指南，
掌握上漲週期，賺到扭轉人生的財富

신민철
申旼澈 ——— 著

金學民、顏崇安 ——— 譯

高寶書版集團

目錄
Contents

目錄
Contents

前言

致台灣讀者

非常高興《比特幣超級循環》一書能在台灣出版。這是我第一次在海外出版書籍，因此更是令我期待不已。希望本書能為台灣讀者帶來幫助。

《比特幣超級循環》探討的是每四年發生一次的比特幣減半和圍繞減半所發生的比特幣價格變動背後的祕密。這個祕密背後有各種原因和規律。只要充分了解這個祕密，無論是誰都將能獲得極佳的投資機會。

2024 年 4 月 20 日（亞洲時間），比特幣完成了歷史性的第四次減半。我當初是以讀者們會在減半前進行投資為前提寫了這本書，不過真正的投資機會將在減半後到來。因此，台灣讀者們在讀本書時，比特幣應該已經完成減半或已全面進入上升週期。由於第四次減半週期是超級循環，上升動能會比任何時候都強。各位也許會在短短一年左右的時間裡，獲得能夠改變人生的投資機會。

比特幣週期和隱藏其中的價格走勢的祕密究竟是什麼？
為什麼第四次週期會是超級循環？我將在本書詳細地說明。
衷心希望廣大的讀者朋友們能在讀完本書後，抓住百年難得
一遇的革命性致富機會。

我最大的願望就是各位能賺大錢。謝謝大家。

2024 年 4 月　申旼澈

前言

通往財務自由之路

　　我希望大家能賺很多錢。我希望大家能賺到足夠的錢，不用再勉強自己去做不想做的事。我希望大家能在自己喜歡的時候、在想要的地方、與喜歡的人做想做的事，每天都過得很幸福快樂。我現在就過著這樣的生活，並且正在教其他人該怎麼做才能過這種生活。

　　本書的目的就是教各位如何賺錢。我寫這本書，並不是為了介紹比特幣和區塊鏈的相關技術及理論，也不是為了說明區塊鏈是多麼創新的技術、比特幣又好在哪裡。我當然還是會介紹投資比特幣時所需的常識和進行正確投資所需的知識。但這終究只是手段，而非目的。本書的目的自始至終都是幫助各位透過投資賺到更多錢，並且在這個過程中規避各種可能會發生的風險，將損失的可能性降到最低，並將獲利的可能性提升到最高。簡單地說，本書是幫助各位進行投資

的工具書，而不是用來學習的理論書。

此外，我是加密貨幣和比特幣的狂熱投資者，我一半以上的資產都投資在加密貨幣上。要是比特幣未來出什麼問題，損失最慘重的人一定是我。我至少能確信，我的損失會比99％的讀者慘重。所以各位可以放心地告訴自己「要是這本書的作者見解有誤，那他肯定會是賠最慘的那一個」。

大部分的人在投資時，通常都會想到要追求「低風險低報酬」或「高風險高報酬」。這種想法聽起來是很合理，但大部分投資者最後都會走上「高風險低報酬」的路。這也就是為什麼95％的投資者賺不了錢。那怎樣的投資者才賺得了錢呢？是追求「高風險高報酬」的投資者嗎？如果追求「高風險高報酬」，那只有在順風順水時才賺得了大錢，而且有可能會因為一場危機就失去一切。相反地，如果追求「低風險低報酬」，那投資者頂多只能保持穩定的財務狀態，實際上賺不了什麼錢。

因此，最理想的投資方法是追求「低風險高報酬」。投資者必須以低風險追求高收益。但這真的可行嗎？當然可行。只要滿足下面三個條件即可。

第一，必須充分研究自己投資的資產，並且擁有高度的信心。

第二，必須具備資產管理與投資技能，並且能夠真正去

實踐。

第三，必須掌握宏觀經濟情勢和個別資產潛力爆發的最佳時機。

投資者必須完美地滿足這三個條件，才能抓住實現「低風險高報酬」的大好機會。當然，這種機會百年難得一遇。華倫・巴菲特的摯友兼終身合夥人查理・蒙格曾說過：

「在賭場中留到最後一刻的贏家都有一個共同點。那就是他們很少下注。他們只會在偶爾發現勝算高的機會時果斷下注。」

有高度的注意力能發現千載難逢的機會，並能在這種難得的機會到來時果斷下手，是成功賺大錢的投資者們的共同點。看準機會勇敢地投資，就有機會實現「低風險高報酬」。但大部分的人並沒有能力發現這種機會，即使發現了，也不會去投資。因為這種機會通常都會在價格嚴重扭曲時出現。價格嚴重扭曲指資產的當前價格變得明顯低於原始價值。遇到這種情況時，別說是投資了，大部分的投資人都會急著拋售手中的資產。相反地，人們總會在價格泡沫嚴重到幾近瘋狂時，才會產生興趣、蜂擁而上，然後變成最後一個被割的韭菜。雖然很遺憾，但這就是普通人所處的現實。

　　我將從現在開始透過本書讓各位了解，一個能讓我們實現「低風險高報酬」但大家還未發現的絕佳機會即將到來。我將會教各位該如何明智地抓住這個機會，以及該如何進一步降低風險並最大限度地提高獲利。

　　這本書是我的第二本著作。正如我在前一本著作《金錢法則》中所提，幾年前的我還只是一名平凡的上班族，和各位一樣領薪水上班。如今我正在靠自己十幾年來的投資知識和經驗，過著與過去截然不同的生活。我在有了足夠的收入和資產後辭掉了工作，正在做自己喜歡的事情，過著當我還是上班族時總是夢想的生活。雖然距離出版第一本書不到一年，但我的收入已經增加了好幾倍，人生也變得比過去充實。我每天都很高興自己能教更多人如何致富。雖然要滿足我想盡可能教許多人賺更多錢的願望，還有很長的路要走，但現在的我已經可以不用再為了錢，而是為了追求目標去工作。所以我想，我已經實現了財務自由。

　　各位是否也想實現財務自由呢？各位心中的財務自由是什麼？是有花不完的錢，所以可以不用工作，只需要吃喝玩樂嗎？我並不認為這叫財務自由。對我來說，實現財務自由是有足夠的收入和資產，因此可以不去做自己不想做的事，並且可以為了完成遠大的使命、滿足自己的內在渴望，每天朝著自己想要的方向前進。各位是不是也想擁有這樣的人生呢？如果是，那各位找對書了。

　　現在，我們的眼前就有一個機會能讓我們過自己想要的生活。我們不需要等很久。運氣好的話，可能只需要等兩年。大家可以想像一下，我們再也不需要每天早上抱著「又要去討厭的公司」的念頭，勉強睜開疲憊的雙眼，我們將懷著「今天只需要做自己喜歡的事」的心情，雀躍期待地睜開雙眼。

　　若想賺大錢，就得先相信自己能做到。如果各位讀到這裡時，覺得自己應該可以賺大錢，那這個朝夢想人生前進的旅程可以說已經走完了一半。各位接下來只需要把這本書讀完，然後走完剩下的旅程。我們沒有時間再猶豫了。各位已經花太多時間猶豫了。如果各位不想再虛度光陰，那最好現在就下定決心，並相信自己能過自己想要的生活。

2024 年 1 月　申旼澈

第 1 章

比特幣超級循環

■ 超級循環（Super Cycle）：

經濟學術語，指的是與一般經濟週期相比，成長幅度更大、持續時間更長的週期。

引發超級循環的因素主要如下。

（1）需求衝擊：技術發展、新市場成長、經濟成長等因素導致需求增加、價格上漲。

（2）供給衝擊：資源稀缺、生產能力有限、經濟情勢等因素導致供給有限、價格上漲。

（3）產業結構轉型：影響力大到足以改變產業版圖的情況發生。例如：網路問世、智慧型手機普及、人工智慧發展。

比特幣即將在 2024 年和 2025 年迎來超級循環！

01
隱藏在比特幣歷史中的天大祕密

高度相似的比特幣相關報導

2021 年 11 月漲到 69,000 美元的比特幣價格在 2022 年 11 月，也就是不到一年的時間內跌到了 15,000 美元，跌幅高達 78％。媒體紛紛報導比特幣持續慘跌，也有許多人在社群媒體上表示比特幣已死。人們開始流傳比特幣市場正在重現 17 世紀發生於荷蘭的鬱金香狂熱事件。畢竟 2020 年 3 月比特幣僅值 4,000 美元，但在不到兩年的時間內增加了 16 倍以上。如此飆升後暴跌，大家免不了會認為這是狂潮和泡沫。

神奇的是，四年前也發生過與 2022 年一樣的情況。2017 年 12 月，比特幣價格比前一年增加了快 20 倍，然後在接下來的一年暴跌了近 80％。當時，每天都有媒體報導比特幣泡沫終於破滅、比特幣已死，還有眾多網友嘲笑比特幣

投資者。更神奇的是，在那四年前，也就是 2014 年，也發生過同樣的事。只是當時比特幣市場還沒建立起來，還處於初期階段，所以專屬於早期採用者，大部分的人頂多只聽說過比特幣這個詞，因此沒有造成什麼話題。但對已經知道比特幣的存在並進行投資的極少數早期採用者來說，他們早在 2013 ～ 2014 年遇到了與 2021 ～ 2022 年和 2017 ～ 2018 年一樣的情況。

■ 過去幾次比特幣週期的最高點與最低點回顧

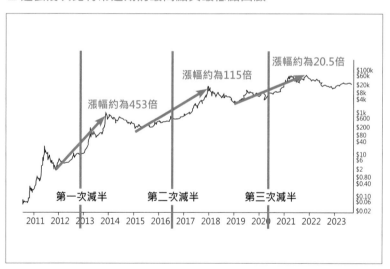

與前一波低點相比，比特幣價格在2013年上漲了450多倍，2017年上漲了近115倍，2021年上漲了近20.5倍。此外，比特幣價格都在接下來的一年左右暴跌了近80%。

資料來源：ecoinometrics.com

各位不會想知道為什麼比特幣會重演暴漲暴跌的歷史嗎？為什麼每隔四年就會發生這種事呢？為什麼每次都會像鬱金香狂熱事件那樣，價格狂飆後下跌呢？比特幣又到底為什麼總會起死回生呢？作為有十幾年投資經驗的投資者，我本能地察覺到這個祕密中隱藏著巨大的投資機會，並花了相當長的時間深入了解這個祕密。這個祕密跟我料想的一樣有趣。越是深入探究，就越會發現這個祕密有多令人驚訝又有趣。每當我揭開這個祕密的細節，就會發現巨大的投資機會，這時感受到的興奮又會促使我更深入探索這個祕密。

韓國有句話說「偶然重複發生三次就會成為必然」。比特幣已經經歷了三次相同的歷史。沒錯，比特幣每隔四年就會暴漲暴跌絕非偶然。這背後隱藏著極為簡單明瞭，一旦知道了就會興奮得睡不著覺的天大祕密。本書就是為了告訴各位這個祕密而寫的。

欣然接受新事物才看得到機會

如果有個能在短短兩年的時間內賺大錢的投資機會，各位會怎麼做呢？如果這個巨大的機會能讓各位在短短兩年內實現財務自由，各位又會怎麼做呢？我們很難在人生中遇到這種機會。但我們也不是完全沒有遇過這種機會。若回顧過去，就會發現這種機會出乎意料的多，只是因為我們都沒有

發現而錯過了這些機會。我們總會在其他人吃乾抹淨後才晚一步聽到消息，然後匆匆忙忙進入市場，結果白忙一場。

2023 年，韓國 EcoPro[1] 的股價僅在 9 個月內漲了 11 倍；2020 年，美國特斯拉的股價僅在一年內增加了 8 倍。很多人都很後悔自己沒能抓住這些機會。但要後悔還為時過早。因為我們還有一個叫比特幣的機會。比特幣價格每隔四年就會在 1～2 年內上漲數十倍到數百倍。我們可以從歷史中看出，比特幣的價格通常會在開始上漲後的 1～2 年內飆漲到高點。這意味著什麼呢？這意味著我們會迎來一個能在短短兩年內，賺到數倍至數十倍巨大收益的機會。

當然，並不是所有人都能抓住這個機會。唯有願意接受新事物、對生活充滿好奇心和興趣並且充滿活力的人，才有辦法抓住這種機會。當機會擺在眼前時，大部分的人都不會感興趣，直到價格飆漲，機會變得不再是機會時，才會產生興趣，然後晚一步撲上去。但這時機會的大門往往早已關閉。各位又如何呢？各位平時會欣然接受新的事物嗎？各位是否準備好不斷抱持好奇心和興趣，深入了解這個祕密了呢？

在比特幣價格飆升數十倍的過程中，其實有過許多逆境。2019 年比特幣全面飆漲前，其價格在短短幾個月內漲

1　專注於全球環境與能源材料領域的企業。當時正值電動車熱潮，作為鋰離子電池陰極材料供應商的 EcoPro 股價因而上漲，成為 2023 年表現最好的股票。

了 3 倍，但之後陷入了低迷。2020 年新冠疫情爆發，比特幣價格暴跌回了原點。但美國後來實施了量化寬鬆政策，使比特幣價格僅在 20 個月內飆升了 16 倍。要是各位回到這個時期，是否能賺到 16 倍的收益呢？我想這對大部分人來說應該是不可能的事情。實際上也是如此。當年比特幣價格下跌時，有不計其數的人嚇到拋售比特幣，等到後來價格飆漲時才後悔不已。

■ 第三次減半週期時的比特幣價格變化

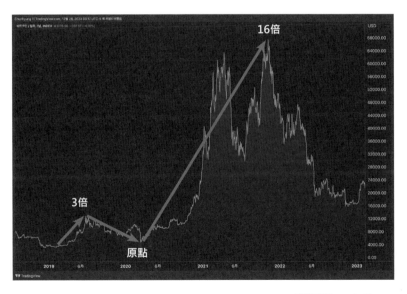

資料來源：webull.com

　　機會代表的是「可能性」，它並不意味著我們能無條件得到報酬。我接下來要說明的比特幣的祕密也是一種機會，因此它並不絕對。但機會也有分種類。我們不會在投資三星電子時，指望它會在兩年內漲數倍至數十倍。發生機率高且收益可能性高的機會並不常見。我們這輩子也許只會遇到幾次這種機會。只可惜就算這種機會擺在眼前，也還是有很多人會錯過。

　　希望各位不是這種投資者。一個能在短時間內至少賺入數倍，或根據個人能力，最多能賺數十倍收益並改變人生的巨大機會即將到來。只有知道比特幣祕密的人才能抓住這個機會。而拿起這本書的各位就是這些幸運兒中的一人。各位大可感謝老天爺。我衷心希望大家不要白白錯過這個機會。

02

比特幣減半到底是什麼？

比特幣供給上限為2,100萬枚

　　想要了解隱藏在比特幣中的祕密，我們得先了解什麼是比特幣減半。減半？光聽就覺得很艱深難懂。想理解「減半」這個概念，必須要有一些關於比特幣基本結構的程式設計知識。但這本書並不是專為程式設計師所寫的書，而是為投資者寫的書。讀者們會讀這本書應該也是為了獲取投資資訊，而不是為了學程式設計。因此我會盡可能淺顯易懂地為各位說明。

　　比特幣挖礦簡單來說就是「用電腦解開複雜的數學問題」。這些問題難度非常高，就算使用高性能電腦也會需要花大量的時間和精力。在這個過程中，電腦會去確認比特幣交易內容有沒有問題。例如，當有人將比特幣發送給其他人時，電腦會去確認這筆交易是否為真實交易，這個人是否真

的持有這些比特幣，並將完成確認的交易加到名為「區塊」的交易紀錄裡。

區塊？沒錯，就是我們稱比特幣為區塊鏈時會提到的那個區塊。讓我來簡單說明一下什麼是「區塊鏈」。區塊鏈就像一個巨大的紀錄簿，裡面有多個區塊（交易紀錄）像鏈條一樣連接在一起。每個區塊裡都有大量的交易資訊，這些資訊連接在一起，形成了比特幣交易紀錄。

簡單地說，區塊鏈就是一個寫有交易紀錄的帳本，它會像堆積木一樣越疊越高。那為什麼比特幣會被設計成這樣呢？這是為了避免有人偽造。如果要在好幾個帳本疊在一起的情況下，更改帳本裡的所有紀錄，就得清掉上面的所有帳本。可見要改掉所有的帳本紀錄是一件非常困難的事情。

讓我們再回到「挖礦」這個主題。最先利用電腦成功破解難題的礦工會獲得寫區塊（交易紀錄／帳本）的機會，並獲得比特幣作為獎勵。我們稱這整個過程為「比特幣挖礦」。

2009 年 1 月 3 日挖出第一枚比特幣時，系統被設定成每 10 分鐘產生 50 枚比特幣。這個規則會持續到比特幣被開採 21 萬次。比特幣一天可挖 144 次，如果要挖完 21 萬次，那大概會需要 1,458 天，也就是將近四年。

那如果挖完 21 萬次比特幣，會產生什麼變化呢？答案是會迎來「減半」。減半指挖礦時產生的比特幣數量減少成

一半。 2012 年比特幣第一次減半時，每挖一次礦產生的比特幣數量減少成 25 枚，2016 年減少成 12.5 枚，2020 年減少成 6.25 枚，2024 年減少成 3.125 枚。如果這個趨勢持續下去，估計到了 2028 年會減少成 1.5625 枚。

50 → 25 → 12.5 → 6.25 → 3.125……

■ 減半造成的比特幣開採量和供應量變化

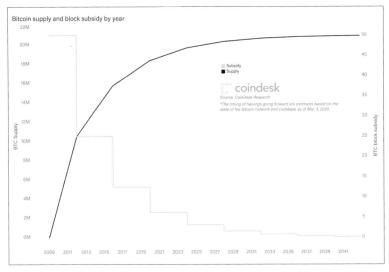

隨著開採量每四年減半一次（黃線），供應量增速跟著減慢（黑線）。

資料來源：CoinDesk

之後這個過程會不斷重複，系統產生的比特幣數量會持續減少。在產生完 2,100 萬枚比特幣後，系統將不再產生新的比特幣。也就是說，比特幣的供給上限被設定成了 2,100 萬枚，而這個時間點預計是 2140 年。

像這樣，新產生的比特幣數量會變成之前的一半，因此我們稱其為「減半」。減半週期約為四年。但由於挖礦速度並不固定，減半週期並不是剛好四年。從過去的紀錄來看，減半事件每次都會比四年提前一點開始。

揭開四年週期這個祕密！

大家有沒有發現什麼呢？新產生的比特幣數量會減少，不就意味著供應量會減少嗎？而且每隔四年就會發生這種情況……剛剛好像還有提到，比特幣的價格每隔幾年就會波動一次來著？

沒錯！如果各位想到了這裡，那這個祕密可以說已經解開了一半。

俗話說打鐵要趁熱，炸雞要趁靈魂渴望的時候買來吃，既然大家都推論到了這裡，就讓我們接著推論下去。礦工在市場賣出新開採的比特幣，代表新的比特幣被投放到了市場。反過來說，新開採的比特幣供應量減少，意味著投放到市場的比特幣在減少。

　　讓我們來回想一下經濟學基礎原理。如果需求不變但供
給減少，市場會發生什麼變化呢？讓我們利用高中時學過的
基礎經濟學知識來推論一下。只要有這點程度的常識，就能
推論出答案。

■ 供給與需求變動造成的價格變動

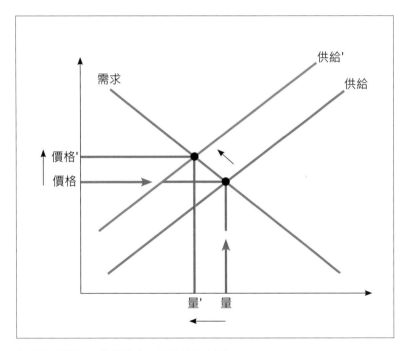

如果需求增加、供給減少，價格就會上漲。

如果覺得這個問題難度太高，各位可以參考前一頁的圖表。但我們其實連圖表都不需要看。大家都知道如果需求不變時供給減少，那想買的人會變得比想賣的人多，因此價格會上漲。大家還記得我在前面曾提過，比特幣的價格每四年會大幅上漲一次嗎？我想，各位現在應該能猜到答案了。（圖表上的點會移動。也就是說，價格會上升。）比特幣價格每四年會暴漲一次絕非偶然，這是受到供應量每隔四年會大幅減少的影響，自然而然發生的現象。「減半」正是每隔四年導致比特幣價格波動的原因！

讓我們就像在過第二輪人生般進行投資！

假設我們正在看一部已經知道結局的電影。由於我們知道最後會是美好結局，所以無論主角中間遇到什麼樣的危機，我們都能安心地把電影看下去。同樣的道理，如果仔細觀察減半的祕密，就會發現同樣的歷史不斷在重演，因此我們能夠輕鬆地推論出未來，找出比特幣價格的規律。如果我們知道了規律，會發生什麼事呢？答案是我們在投資比特幣時，會變得相對輕鬆容易，就像在看一部已經知道結局的電影。

投資時，什麼時候最難熬呢？答案是當我們購入的資產價值下跌的時候。要是虧損了該怎麼辦？要不要寧可虧本，

也要趁現在趕緊賣掉呢？但要是之後上漲的話怎麼辦？這些煩惱是最讓投資者感到頭疼並覺得投資很難的原因。但如果我們能在投資前，事先知道未來會發生什麼事的話，會變得怎麼樣呢？我們會因為知道結局，所以無論中途發生什麼事都不會動搖。如果價格下跌，我們反而會很高興有機會能再多購入一些、錢滾錢。各位可能會覺得這一切聽起來很美好，但又懷疑這到底有沒有可能成真。別擔心。各位會起疑心是件好事。投資者必須時時刻刻都抱持懷疑。而本書將會一一消除各位心中的疑慮。

知識補給站

是誰發明了比特幣？

　　比特幣的發明人，是一個署名為中本聰（Satoshi Nakamoto）的匿名程式設計師。中本聰究竟是一個人還是團體，到現在都還是謎，因為幾乎沒有人知道關於中本聰的資訊。中本聰於 2007 年開發了比特幣代碼，並從 2008 年開始，與著名加密貨幣程式設計師哈爾・芬尼（Hal Finney）進行了比特幣的開發。2008 年 10 月 31 日，中本聰發表了一篇對比特幣進行描述，名為「比特幣：端對端電子現金系統」的《比特幣白皮書》（Bitcoin White Paper），正式宣布了比特幣的誕生。

　　中本聰本人從未公開自己是誰、為什麼會發明比特幣，因此沒有人知道真相到底是什麼。但由於白皮書使用的是非常完美的英式英語，因此人們推測中本聰雖然是日本人名，但他其實是英國人。另外，由於比特幣代碼品質極高，因此許多人推測中本聰是一名天才程式設計師，也有不少人推測中本聰不是一個人而是團體。2010 年底，中本聰突然從網路世界銷聲匿跡，而且至今都未現身。據說中本聰約持有 100 萬枚比特幣。其持有的幾個比特幣錢包的地址眾所周

■ 《比特幣白皮書》第一頁

Bitcoin: A Peer-to-Peer Electronic Cash System

Satoshi Nakamoto
satoshin@gmx.com
www.bitcoin.org

Abstract. A purely peer-to-peer version of electronic cash would allow online payments to be sent directly from one party to another without going through a financial institution. Digital signatures provide part of the solution, but the main benefits are lost if a trusted third party is still required to prevent double-spending. We propose a solution to the double-spending problem using a peer-to-peer network. The network timestamps transactions by hashing them into an ongoing chain of hash-based proof-of-work, forming a record that cannot be changed without redoing the proof-of-work. The longest chain not only serves as proof of the sequence of events witnessed, but proof that it came from the largest pool of CPU power. As long as a majority of CPU power is controlled by nodes that are not cooperating to attack the network, they'll generate the longest chain and outpace attackers. The network itself requires minimal structure. Messages are broadcast on a best effort basis, and nodes can leave and rejoin the network at will, accepting the longest proof-of-work chain as proof of what happened while they were gone.

1. Introduction

Commerce on the Internet has come to rely almost exclusively on financial institutions serving as trusted third parties to process electronic payments. While the system works well enough for most transactions, it still suffers from the inherent weaknesses of the trust based model. Completely non-reversible transactions are not really possible, since financial institutions cannot avoid mediating disputes. The cost of mediation increases transaction costs, limiting the minimum practical transaction size and cutting off the possibility for small casual transactions, and there is a broader cost in the loss of ability to make non-reversible payments for non-reversible services. With the possibility of reversal, the need for trust spreads. Merchants must be wary of their customers, hassling them for more information than they would otherwise need. A certain percentage of fraud is accepted as unavoidable. These costs and payment uncertainties can be avoided in person by using physical currency, but no mechanism exists to make payments over a communications channel without a trusted party.

What is needed is an electronic payment system based on cryptographic proof instead of trust, allowing any two willing parties to transact directly with each other without the need for a trusted third party. Transactions that are computationally impractical to reverse would protect sellers from fraud, and routine escrow mechanisms could easily be implemented to protect buyers. In this paper, we propose a solution to the double-spending problem using a peer-to-peer distributed timestamp server to generate computational proof of the chronological order of transactions. The system is secure as long as honest nodes collectively control more CPU power than any cooperating group of attacker nodes.

知，但自從中本聰從網路世界消失蹤影後，其持有的比特幣從未被使用過。因此，有不少人猜測中本聰已死。雖然有各種關於中本聰真實身分的推測和謠言，但中本聰到現在都還是一個神祕人物，真實身分仍然是個謎。如果中本聰像現在這樣都不露面，那他的身分將永遠都會是一個解不開的謎。

許多人認為無論是不公開自己的真實身分，還是在讓比特幣正式上軌道後突然銷聲匿跡，這兩個選擇都提升了人們對比特幣的信任。要是中本聰公開了自己的真實身分，人們肯定會把比特幣和發明人中本聰牽扯在一起。這麼一來，中本聰的一舉一動都會直接影響比特幣的價值。此外，想破壞比特幣的勢力將會有一個明確的攻擊目標，即中本聰。但看看現在的比特幣。比特幣的發明人，也就是比特幣的主人並不存在。因此，沒有人能直接影響比特幣的價值。此外，就算想摧毀比特幣，也沒有對象可以攻擊。這種非主權性正是構成當前比特幣價值的主要因素之一，也是讓比特幣不屬於任何人但又屬於所有人的關鍵因素。

03
比特幣為什麼會有減半機制？

比特幣區塊上的第一句話

　　沒有人知道中本聰為什麼會發明比特幣。但關於這件事情，其實有線索可循。看過這個線索，大概就能猜到中本聰為什麼會設定減半機制。

　　礦工能在生成比特幣時，在代碼庫中輸入文本。比特幣的第一個區塊上就被輸入了這句話。

The Times 03/Jan/2009 Chancellor on brink of second bailout for banks

（英國財政大臣即將對銀行進行第二輪紓困）

　　這句話是 2009 年 1 月 3 日英國《泰晤士報》的頭條新聞標題。那中本聰為什麼會輸入這句話呢？ 2008 年爆發金

■ 生成第一個比特幣的代碼庫

右側紅色方框部分是中本聰輸入的句子。

資料來源：維基百科

融危機時，各國政府允許拿國民的血汗錢，也就是國民繳納
的稅金對經營不善而面臨破產危機的銀行進行紓困，而引發
了爭議。當時，銀行為了賺取利息收入大規模放貸，甚至還
向信用風險高的企業和個人提供了大量的貸款。但隨著雷
曼兄弟等美國大型銀行破產，其他銀行也紛紛面臨了破產危
機。各國政府為了防止這些銀行破產，最後對銀行進行了紓
困。但國家的錢其實就是國民的錢，因此各國政府這麼做，
等同於拿國民努力工作後繳納的稅金，救助經營失敗的銀

行。從這個角度來看，中本聰會在比特幣的第一個區塊輸入這句話絕非偶然。這句明顯是在譴責英國財政部的話，蘊含著比特幣發明人中本聰的核心思想。

國家債務不斷增加

國家建立的貨幣體系完全受國家控制。擁有印鈔機的國家會透過調整基準利率、發行國債、由央行買入債券等方法，徹底控制貨幣的流動性。這意味著貨幣的控制權完全歸屬於國家。那為什麼這會是問題呢？這是因為貨幣的使用者，也就是我們這些普通老百姓可能會單方面遭受損失。

■ 2023年6月以來美國財政部的債務增加規模

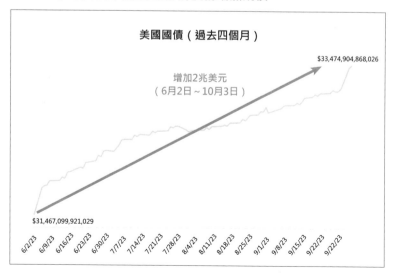

美國國債（過去四個月）

$33,474,904,868,026

增加2兆美元
（6月2日～10月3日）

$31,467,099,921,029

6/2/23　6/9/23　6/16/23　6/23/23　6/30/23　7/7/23　7/14/23　7/21/23　7/28/23　8/4/23　8/11/23　8/18/23　8/25/23　9/1/23　9/8/23　9/15/23　9/22/23

資料來源：Creative Planning

　　2023 年 10 月，有報導稱美國的債務規模達到近 33.5 兆美元。各位可能不太清楚這意味著什麼。2023 年 6 月，美國通過了《財政責任法案》，將當前的債務上限 31.4 兆美元延長到了下屆總統大選之後，也就是 2025 年 1 月。這導致美國的債務在短短 4 個月內從原本的 31.4 兆美元增加到近 33.5 兆美元，增加了 2 兆美元以上。

■ 美國財政部債務上限上調速度

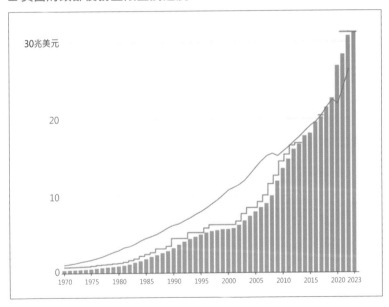

資料來源：路透社

　　美國的債務上限上調速度明顯在加快。美國的債務從

1970 年的 3,710 億美元增加到 2023 年的近 33.5 兆美元，幾乎增加了 90 倍。我們可以從圖表中看出，美國的債務正在快速增加，呈 J 型曲線。那麼，為什麼債務增速會加快呢？原因在於複利效應。我們在償還債務時不僅得償還本金，還得償還利息。因此，為了還清債務，會需要借更多的錢。這就像是申請多張信用卡，拆東牆補西牆。但其實不僅是美國，世界各國政府都在用貸款拆東牆補西牆。

根據美國銀行（Bank of America）2023 年 11 月的分析，美國的債務很可能會在 2023 年突破 50 兆美元，相當於每天增加 52 億美元，或每小時增加 2.18 億美元。如果債務繼續以這個速度增加，美國的債務將於三十年後逼近 100 兆美元。這簡直就是天文數字。

比特幣是通縮貨幣

國家的債務增加意味著什麼？答案是國家正在印鈔票。那如果錢變多，會發生什麼現象呢？這代表由於貨幣貶值，因此會發生通貨膨脹。如果發生通貨膨脹，人們的實際購買力會下降。由於產品和服務的價格不斷上漲，明天的我們會買不起今天買得起的東西。我們常常會半開玩笑地說「什麼都漲，就薪水沒漲」，這其實就是通貨膨脹造成的弊端。今天存摺裡的一億元十年後將不再值一億元。

　　也就是說，隨著國家單方面掌握貨幣的控制權，明明使用貨幣的是我們這些國民，我們卻隨時都有可能被削弱購買力。

　　讓我們再回來看比特幣。中本聰試圖透過比特幣消除法定貨幣造成的兩大弊端：政府單方面掌握貨幣控制權，以及通貨膨脹強行削弱使用者的購買力。因此，中本聰事先設定了 2140 年之前的貨幣發行時程，讓所有人都能公平地獲取這個資訊。此外，中本聰選擇了發行量會逐漸減少的通縮貨幣，而不是購買力會隨發行量不斷增加而下降的通膨貨幣。這就是中本聰將比特幣減半機制設定成現在這樣的原因。

BITCOIN SUPER CYCLE

第 2 章

比特幣減半引起蝴蝶效應，
風暴來襲！

我們在前一章節認識了什麼是減半，以及為什麼會有減半機制。各位現在應該會想問下面這個問題。

　　「如果發生減半事件，比特幣到底會變怎樣？」

　　為了正確理解減半，我們得先看一下過去三次減半時發生了哪些事情。比特幣大約每四年會減半一次。讓我們來看看從減半前兩年內的低點到減半後兩年內的高點漲了多少。

04
比特幣第一次減半

第一次減半後，比特幣上漲了近453倍

比特幣第一次減半事件發生於 2012 年 11 月 28 日。減半前兩年內的最低價格為 2010 年 12 月 9 日創下的 0.192 美元，減半後兩年內的最高價格為 2013 年 12 月 4 日創下的 1,134.4 美元，增加了約 5,900 倍。只不過 2011 年之前，比特幣市場尚未成熟，仍處於非常早期的階段，價格可信度低（價格會因為部分交易所的少數幾筆交易而大幅波動），比較難與之後的週期直接進行比較。因此，比較 2011 年之後，也就是能進行可靠交易的比特幣交易所出現後的價格，會比較有參考價值。這個時間點之後的最低價格為 2011 年 11 月 18 日創下的 2.5 美元，與最高價格 1,134.4 美元相比，增加了近 453 倍。

■ 第一次減半時的比特幣價格波動（2010年低點起）

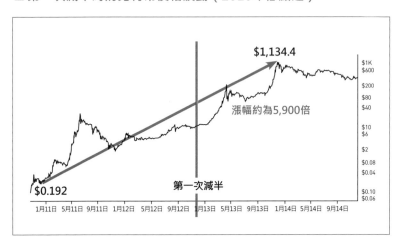

資料來源：glassnode.com

■ 第一次減半時的比特幣價格波動修訂版（2011年起）

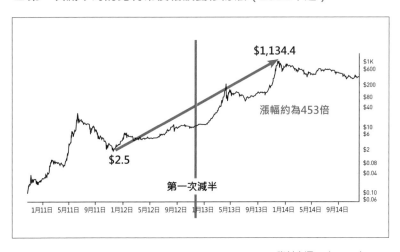

資料來源：glassnode.com

　　第一次減半時，大部分的參與者都是早期加密貨幣相關技術人員，只有極少數風險偏好較強的投資者參與交易。當時大部分的人連比特幣這個詞都沒有聽說過，因此只有高度關注新技術、對風險承受度較高的人才有辦法投資比特幣。各位可能會覺得「當時居然能以不到一美元的價格買入比特幣？那些投資人現在應該都賺翻了吧」，但現實可沒那麼美好。因為當時以極低價購買比特幣的投資人幾乎都在價格上漲時拋售了比特幣。當然有不少人之後又買入了比特幣，但大部分的投資人都是以高於自己最初買入時的價格，甚至是高於賣出時的價格重新購買比特幣。

　　總之，我們可以透過第一次減半事件了解到，當減半導致供給減少時，比特幣價格會受到很大的影響。其實發生第一次減半前，有很多人懷疑「比特幣價格是否真的會在減半後上漲」，畢竟大家都沒有遇過這種情況，會有這樣的疑惑其實很正常。但在經歷過第一次減半帶來的價格暴漲後，投資者們感受到了比特幣減半的威力，並為下一次減半做起了準備。

05
比特幣第二次減半

第二次減半後，比特幣上漲了近115倍

第二次比特幣減半發生於 2016 年 7 月 9 日。減半前兩年內的最低價格為 2015 年 1 月 14 日創下的 172 美元，減半後兩年內的最高價格為 2017 年 12 月 17 日創下的 19,891 美元，增加了近 115 倍。

第二次減半後，比特幣開始變得廣為人知，並經常出現在新聞報導和社群媒體中，風險偏好強且勇敢的投資者大量參與了投資。第一次減半時並沒有多少正規的交易所，但這個時期陸續出現能輕鬆買賣比特幣的交易所，因此許多人參與了減半反彈。只不過當時的比特幣投資者的目的並不是從長遠角度出發、「搶占有價值的東西」。當時的交易大多都是交易員為了在價格飆升時賺取價差進行的投機。大部分的比特幣投資者都夢想趁著價格飆升時一夜致富，人們並不清

楚也沒有想知道比特幣存在的意義和其作為資產的價值。

■ 第二次減半時的比特幣價格波動（2016年）

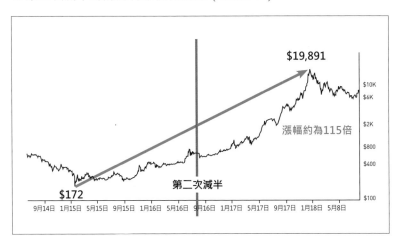

資料來源：glassnode.com

其實，直到第二次減半前，人們都還是無法確定減半一定會帶來漲價效應。雖然上一次減半時比特幣價格確實出現大幅上漲，但也就只有那一次而已，因此投資者很難判斷這是不是固定的模式。此外，也沒有人能確信四年前比特幣會漲價一定就是因為減半效應。因此，當時的投資者大多都是不怕風險、勇於挑戰、有早期採用者傾向的投資者。無論是偶然還必然，當時的投資者只能相信比特幣價格會像上次那樣在減半前後上漲。幸運的是，有許多投資者大獲成功。

再怎麼漲也沒能成功獲利的人

　　但這裡有一個問題。那就是我們還沒有找出明確的模式，因此不知道什麼時候該脫手。我們雖然能猜到價格會上漲，但我們並不曉得什麼時候會下跌。實際上，在價格上漲115倍的這段期間，大部分的投資人都過早將比特幣賣出。不過，相較之下更大的問題是，有投資人到最後都沒來得及把比特幣賣出。這些投資人打從一開始就不是看好比特幣的長期價值而進行投資的長期投資者，而是想在短期內趁價格飆升時賺取價差的交易員。當比特幣價格見頂後暴跌時，有許多投資者沒能適時拋售比特幣。如果交易員錯過停損時機被套牢，那這筆投資將徹底失敗。

　　2017年底，比特幣價格就在快突破2萬美元關口之際開始下跌，暴跌速度還非常快……在短短半年的時間裡，比特幣價格跌到不及原本價格的三分之一。媒體將這種情況比喻為三百八十年前在荷蘭發生的鬱金香狂熱事件，戲稱比特幣是「現代版的鬱金香泡沫」。賠錢的比特幣投資者被人們視為投機者，還被斷定絕對無法挽回損失。當時大部分的人都認為比特幣已死，並且將成為泡沫投資歷史的一頁。但是，之後發生了任誰都沒有預料到的事。

知識補給站

比特幣傳奇揭開序幕

■ 中本聰發表的《比特幣白皮書》

Bitcoin: A Peer-to-Peer Electronic Cash System

Satoshi Nakamoto
satoshin@gmx.com
www.bitcoin.org

資料來源：www.bitcoin.org

　　2009 年 1 月 3 日，比特幣的第一個區塊鏈「創世區塊」誕生。即將名留青史的「透過網路連結的去中心化公共分散式帳本」正式運作。2008 年 10 月 31 日，比特幣首次公諸於世。一名叫中本聰的無名開發人員透過加密貨幣郵件列表，發表了一篇名為「比特幣：端對端電子現金系統」的《比特幣白皮書》，也就是比特幣的技術摘要。這是比特幣這個詞第一次正式公諸於世。

　　當然，中本聰透過郵件列表傳送這份技術摘要時，幾乎沒有開發人員予以關注。當時郵件列表上的人大多都是長久

以來致力於開發數位貨幣的先驅。儘管這些開發人員不斷投入心血，他們所做的各種嘗試卻因為幾個重大缺陷都化為了泡影，所有的開發皆以失敗告終。雖然這些開發人員動員各種技術，想盡辦法進行改善，但要開發出完美的數位貨幣似乎是不可能的事情。因此，當然沒有人認真去讀一個連名字都沒聽過的新進開發人員「中本聰」傳送的郵件。只有一個人對這封郵件表現出了很大的興趣。那就是當時在數位貨幣開發人員之間最有名的哈爾‧芬尼。

　　哈爾‧芬尼是一名長久以來致力於數位貨幣開發的天才程式設計師，在數位貨幣開發人員之間被推崇為領袖人物。而這樣的他對中本聰的「比特幣」產生了興趣。隨著哈爾‧芬尼與中本聰互發郵件、參與比特幣的驗證，比特幣全面得到主流數位貨幣開發人員認可，成為人們關注的話題。

　　數位貨幣的開發比我們想的還要早開始。1983 年，大衛‧喬姆（David Chaum）開發了最早的數位貨幣「eCash」。喬姆開發 eCash 的目的很明確：一、進行網路匯款；二、利用加密技術保護隱私。當時個人根本不可能進行網路匯款，因此數位貨幣本身就可說是一項非常驚人的技術。但 eCash 以失敗告終。喬姆成立了一家叫 Digi Cash 的公司來經營 eCash，但 eCash 最後還是不得不依賴名為公司的中心化組織，這正與數位貨幣存在的理由相悖。Digi Cash 最終於 1998 年倒閉，eCash 就此消失在世

人眼中。

　　當時要排除負責系統管理的中心化勢力的介入，在技術上是有困難的。為什麼呢？原因很簡單，因為數位貨幣是無形數據。無形數據很容易複製，因此發送貨幣後能繼續持有貨幣的複製品。這就像是寄出去的電子郵件會同時存在於收件者的收件匣和寄件者的寄件匣，而且沒有中央管理者便無法解決這個問題。因此，儘管 1990 年代後期起，亞當‧貝克（Adam Back）、尼克‧薩博（Nick Szabo）等到現在也都很有名的開發先驅全力開發了數位貨幣，這個問題仍然是個看似無法破解的難題。

　　1990 年代後期，數位貨幣開發人員致力於解決維持數位貨幣稀缺性的問題。走在開發最前沿的亞當‧貝克開發出了一種叫「工作量證明」（Proof of Work，簡稱 PoW）的網路證明法（這後來成為了比特幣的框架），並設計了使用該工作量證明法的 Hashcash，但由於有些技術缺陷且企劃完全不具商業性，因此最後只留下了「工作量證明」這個良好的框架。雖然之後有開發人員改善上一代數位貨幣的問題，並開發出新的數位貨幣（如 B-money、Bitgold），但都因為缺少完成數位貨幣所需的最後一塊拼圖而以失敗告終。這裡說的最後一塊拼圖，指的是在完全去中心化的狀態下，完美維持數位貨幣的稀缺性。就這樣，十年來都沒有數位貨幣拼上這塊拼圖。當時大部分的加密貨幣開發人員都認為完美

　　的數位貨幣基本上無法實現，只有在理論上存在，幾乎準備放棄長久以來的願望。

　　2008 年 10 月 31 日，正當所有人都認為數位貨幣是天真夢想家們無法實現的夢想時，無名開發人員中本聰的郵件被無聲無息地傳送到了加密貨幣開發人員郵件列表上的信箱裡。比特幣就是在此刻首次問世。

Bitcoin P2P e-cash paper

Satoshi Nakamoto　|　Sat, 01 Nov 2008 16:16:33 -0700

```
I've been working on a new electronic cash system that's fully
peer-to-peer, with no trusted third party.

The paper is available at:
http://www.bitcoin.org/bitcoin.pdf

The main properties:
 Double-spending is prevented with a peer-to-peer network.
 No mint or other trusted parties.
 Participants can be anonymous.
 New coins are made from Hashcash style proof-of-work.
 The proof-of-work for new coin generation also powers the
    network to prevent double-spending.
```

寄件者：中本聰

主旨：比特幣 P2P 電子貨幣白皮書

內容：我一直在研究一個全新的、完全端對端、不需要可信任第三方介入的電子貨幣系統。（以下省略）

【1】

漆黑的房間裡，電腦螢幕發出了微弱的單色光。男子一手抱胸、一手托著下巴，一臉嚴肅地在讀某個東西。

「什麼？居然解決了雙重支付問題？這傢伙知道自己在說什麼嗎？」

男子皺著眉低吟，一臉完全無法相信的表情。從螢幕發出的各種詭異的顏色映在男子嚴肅的面孔上，男子的表情因而顯得更加凶惡。

雙重支付（Double-spending）是維持數位貨幣稀缺性的必要技術。其實只要有中央管理者就能輕鬆解決這個問題。問題是一旦有可信任第三方介入，數位貨幣就會失去存在的意義。加密貨幣開發人員花這麼久的時間想破解的難題，就是開發出不受任何人干預、介入和控制的分散式數位貨幣。而現在居然有一個連名字都沒聽過的新進開發人員傳送郵件給郵件列表上的所有開發人員，說自己破解了這個難題！

「中本聰？是日本人嗎？但這個人的英文也太流暢了吧？」

在沒有可信任第三方介入的情況下維持數位貨幣的稀缺性，是完成去中心化 P2P 電子貨幣的最後一塊拼圖。雖然在近三十年的數位貨幣開發歷史中，有數不清的天才程式設

計師進行了無數次的修改，但都沒有人實現這個願望。就在這個難題快變成只有理論上存在、在現實中永遠無法被破解的謎題時，就在大部分的開發人員都打算放棄夢想、舉雙手投降之際，一個連名字都沒聽說過的新進開發人員竟然聲稱自己破解了這道難題。男子死盯著螢幕，思索這封郵件說的究竟是真是假。就這樣過了一個多小時，男子終於得出了結論。他將手伸向了滑鼠。

「少騙人了！」

男子關掉了視窗，口氣中夾雜著厭惡。他從椅子上站起來，用力伸了個懶腰。

「可惡，害我把時間浪費在沒有意義的事情上。去喝個啤酒好了。」

男子隨手披上掛在衣架上的薄外套，一邊想著喝杯沁涼的啤酒解渴，一邊快步走出了房間。

同一時刻，美國洛杉磯。

一雙粗糙的手正在快速地敲著鍵盤。手指的主人似乎興奮不已，每當他按一次空白鍵就會發出很大的聲響。這個在激動地打字的男子是哈爾·芬尼。在加密貨幣開發人員之間，哈爾·芬尼被譽為傳奇，是業界權威。這樣的他正在急急忙忙寫郵件給某個人。

「我非常仔細地讀了你的比特幣白皮書。首先，請諒解

我現在無法掩飾激動的心情。如果你真的解決了比特幣的雙重支付問題，那你無異於開啟了人類歷史的新篇章。我想再跟你仔細談一談。可以請你把你正在開發中的比特幣版本的執行檔提供給我嗎？」

【2】

當中本聰將加密貨幣開發想法的郵件寄給其他開發人員時，幾乎沒有人展現出興趣。因為已經有無數名開發人員花了三十幾年的時間，開發了完全去中心化的 P2P 數位貨幣，但都沒有成功的案例。如果這個時候有個連名字都沒聽說過的新手開發人員說自己開發了「完全去中心化的電子貨幣」，會有多少人相信呢？雖然當時有很多新手開發人員為自己的專案取了很厲害的名稱，並聲稱自己開發出了「完美的數位貨幣」，但大部分的程式都只是在浪費時間、毫無價值可言。許多收到中本聰的郵件的開發人員根本就沒有仔細去了解中本聰的比特幣。但就在比特幣不受任何人關注、將被埋沒之際，有人注意到了比特幣，那就是哈爾・芬尼。

1979 年，哈爾・芬尼剛從加州理工學院畢業，便進入了一家電腦遊戲公司。當時雅達利和任天堂爆紅，掀起了電子遊戲熱潮。哈爾・芬尼憑藉著他出色的程式設計能力投身於電腦遊戲開發，開啟了他的職業生涯。1990 年代初期，

哈爾‧芬尼全心投入於加密貨幣的開發。他開發了許多數位貨幣的早期版本，累積了經驗和功勞。2004 年，哈爾‧芬尼開發了可重複使用的工作量證明（Reusable Proofs of Work，簡稱 RPoW），這可以說是比特幣的網路證明法「工作量證明」的原型，其日後為完成比特幣發揮了跳板的作用。

在不曉得是偶然還是必然的契機下，這個程式設計界的傳奇對比特幣產生了興趣，並且對中本聰的郵件做出了回應。要是沒有哈爾‧芬尼這個大前輩的引領，比特幣也許就會在無人驗證的情況下遭到埋沒，我們現在則有可能連比特幣這個詞都沒聽說過。在哈爾‧芬尼的關注下，比特幣正式進入了萌芽準備階段，並在短短幾個月後誕生於世。

06
比特幣第三次減半

第三次減半後，比特幣上漲了近20.5倍

2020 年 5 月 11 日，比特幣在新冠病毒全球大流行的時期，開始了第三次減半。減半前兩年內的最低價格為 2018 年 12 月 15 日創下的 3,215 美元，減半後兩年內的最高價格為 2021 年 11 日 10 日所創下的 69,048 美元，增加了近 20.5 倍。

新冠大流行造成了資產市場大幅震盪，而第三次減半週期正好與這個時期重疊。2020 年 4 月，距離減半事件僅剩一個多月前，新冠大流行導致全球資產市場暴跌，比特幣價格跟著跌到了 4,000 美元。這個價格與前一波的低點 3,215 美元沒有太大的差距。當時就連被稱為全球最佳資產的美股也跌了 35％以上，因此有許多人認為比特幣這次應該不會出現減半效應。

■ 第三次減半時的比特幣價格波動（2020年）

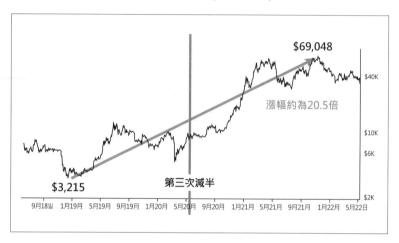

資料來源：glassnode.com

　　然而，因為相當於美國央行的聯準會（Federal Reserve System，簡稱 FED）實施了大規模的量化寬鬆（Quantitative Easing，簡稱 QE）政策，市場流動性開始急遽上升。隨著資金回流資產市場，包含比特幣在內的全球資產市場迅速上漲，比特幣也正好迎來了第三次減半。雖然減半後的幾個月裡沒有出現什麼太大的反應，但自 2020 年底供給大幅減少後，比特幣價格在之後的半年左右裡飆漲了 6 倍。

減半是一種模式！

受到新冠大流行等各種外部因素的影響，第三次減半週期歷經了幾番波折。這些外部因素對比特幣週期造成了相當大的影響，並導致價格扭曲。第三次減半週期因此成了最難評價的週期（詳細內容會在後面進一步說明）。

總之，第三次減半週期最後也迎來了價格暴漲的結局。這證明了比特幣減半週期並非偶然，而是一個相當明確、具有因果關係的模式。第三次減半週期與前面兩次不同的是，這次有大量的一般投資者參與。許多國家出現了得到政府核准的加密貨幣交易所，機構的比特幣收購規模也有所增加。第三次減半時，比特幣市值突破了一兆美元，這規模相當於美股市值前五大企業中的其中一家。

有別於前兩個週期時人們視比特幣為投機對象和泡沫，第三次減半時人們的態度變得截然不同。但還是有很多人沒有正確理解比特幣的真正價值和用途。因此，第三次減半時，大部分的投資者都還是樂於接受新技術、準備好承擔風險的攻擊型投資者。當時的比特幣還沒完全成為主流資產，而是處於從早期採用者投資的資產變成主流資產的過渡期。

07
減半的模式有跡可循

重複出現的減半模式

　　我們在前面幾小節中回顧了比特幣的減半歷史。過去一共發生過三次減半，而且每次都呈現出了相似的模式。

　　減半前後比特幣價格都沒有出現明顯的波動，但之後會逐漸上升，並在經過一段時間後暴漲、見頂，接著下跌、疲軟，最後觸底反彈，邁向下一次減半，然後重複上述過程。這個過程至今已經發生了三次。

　　（1）減半之前：價格小幅上漲，但漲幅無明顯變化。

　　（2）減半前期：價格逐漸上漲，但漲幅並不大。通常會持續好幾個月。

　　（3）減半中期：減半後 6 ～ 12 個月開始快速上漲。通常會持續一年以上，漲幅明顯。

（4）減半後期：價格見頂後逐漸下跌，開始疲軟並進入
熊市。

（5）下一次減半準備期：減半後約 2 年半～3 年價格觸
底後緩慢反彈，走向下一輪減半。

■ 過去幾次比特幣週期的最高點與最低點回顧

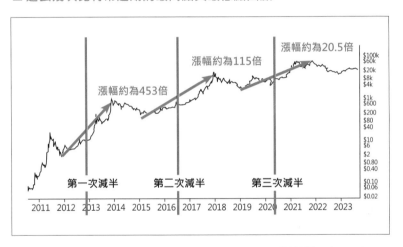

資料來源：glassnode.com

　　從上圖可見，隨著市場規模擴大，價格波動正逐漸減
少。 2020 ～ 2022 年發生的第三次減半週期，由於受到各種
因素影響，而沒能維持模式到最後（這部分之後會進一步說
明）。比特幣也是一種資產，因此當然會因為周圍環境而產
生各種變數。不過第三次減半週期還是走到了底。綜觀來
看，比特幣減半並非偶然，而此刻，我們迎來了第四次減半。

08
減半與技術成熟度曲線

減半反映了人們的心理

　　如果去觀察比特幣價格的上漲趨勢，就會發現有一個共通點。那就是雖然發生減半時的價格上漲速度、時間點等細節有很大的差異，但三次上漲的趨勢都很相似。這說明比特幣減半帶來的上漲效應相似，而且投資者的心理對價格有顯著影響。

　　右頁下方的圖，是廣為人知的「技術成熟度曲線」（Gartner Hype Cycle）。技術成熟度曲線是由美國科技研發與顧問公司高德納諮詢公司（Gartner）所開發的，目的是為了展示一項新技術從被開發出來到被用於現實生活中所經歷的階段。技術成熟度曲線經常在投資市場被引用，因為這個曲線高度反映了人們的心理。

■比特幣第一次至第三次減半週期呈現類似的模式

資料來源：bitcoinstrategyplatform.com

■高德納諮詢公司的技術成熟度曲線

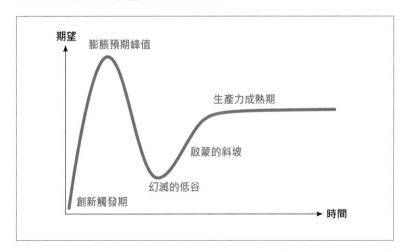

資料來源：www.slownews.kr

　　當一項新技術剛被開發出來時，人們會描繪這項技術將帶來的美好未來，媒體和科技業會高度關注（創新觸發期）。雖然許多企業開始嘗試將其商業化，但大部分會以失敗告終（膨脹預期峰值）。在經歷多次失敗後，關注會減弱、投資會減少（幻滅的低谷），只有少數採取長期商業模式的企業會繼續進行研發。隨著原型的問題得到改善、達到水準的產品上市，市場正式形成（啟蒙的斜坡）。接下來，眾多企業紛紛推出新產品，這項技術逐漸成為主流技術（生產力成熟期）。

　　這一連串的過程也會出現在投資市場上，因為人類的心理其實是差不多的。

　　當某個資產受到媒體和投資者的關注，就會出現需求，價格會因此開始上升（創新觸發期）。當價格上升到某個程度，就會受到更多的關注。由於需求集中，價格會漲得更快。當價格飆升，投機勢力就會湧入，導致價格進一步上漲。而當價格漲得太高、不再有新的投資者流入，價格就會開始下跌（膨脹預期峰值）。當想脫手的投資者增加，價格就會跌得更快。這時陷入恐慌的投資者會不管三七二十一拋售資產，價格會因此跌到遠低於原始價值（幻滅的低谷）。等到為了賺取短期差價流入的投資者拋售完畢、市場中不再有賣家，價格就會慢慢反彈（啟蒙的斜坡）。當價格上升到資產的原始價值水準時，波動性就會下降（生產力成熟期）。

　　如果比較過去的比特幣減半週期造成的價格變化曲線和技術成熟度曲線，就會發現兩者幾乎長得一模一樣。當減半造成供給衝擊，帶動價格上漲，就會有投機勢力湧入，導致價格飆升。當價格漲到泡沫程度，就不會再有人想要投資，導致價格下跌。而當投機勢力全部離開市場，價格就會暴跌。在過度下跌後，價格很快地就會反彈到原始價值，並呈現出穩定趨勢，接著在四年後迎來下一輪減半，重複上述過程。

09
比特幣第四次減半

比特幣迎來了第四次減半

　　未來會發生什麼事呢？截至 2023 年下半年，第四次減半週期正在以一樣的趨勢運行（請見右頁圖中的箭頭）。這個圖接下來會是什麼樣子呢？會不會呈現出與過去週期相似的模式呢？

　　如同前面所說，比特幣減半週期明顯形成了一個模式。減半週期已經發生過三次，第四次減半週期則正在發生。而且截至 2023 年，第四次減半週期都呈現出與過去週期相似的模式。因此我們可以合理地推測 2024 年～ 2025 年的第四次減半週期模式應該也會與過去相似。

　　現在，各位應該能夠理解為什麼我會說只要搞懂比特幣的減半規律，就會像在看一部已經知道結局的電影，因而感到安心了。比特幣減半週期會在明確的因果關係下，形成明

確的模式。當然，在投資世界裡什麼事都有可能發生。要是明天爆發第三次世界大戰，那誰還管他什麼減半週期，全世界肯定會變得一團亂。像這樣，這個世界上沒有百分之百的事情，因此投資時必須先冷靜評估可能性，適當分散風險，再依照自己的資金規劃進行投資。如果忘了這個事實，不管利弊就盲目投資，那將必賠無疑。為了進行正確的投資，我們必須適度地評估風險與報酬。

　　我們透過前幾個章節理解了比特幣的歷史和隱藏在減半中的祕密。接下來，讓我們來深入認識比特幣的新一輪減半，也就是第四次減半發生的機率和風險。

■ 截至2023年底，第四次比特幣減半週期進展

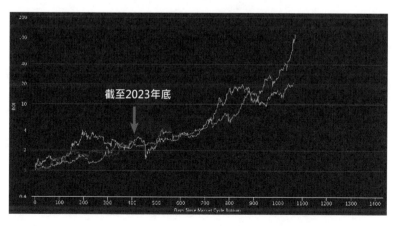

截至2023年底，第四次減半週期模式與過去相似（粉紅色線）。

資料來源：bitcoinstrategyplatform.com

第 3 章

第四次減半：
改變人生的巨大機會即將到來！

■ 比特幣超級循環的關鍵催化劑：

比特幣第四次供應量減半＋全球流動性增加（降息）＋
美國比特幣現貨 ETF 通過（大規模採用）

如果比特幣超級循環開始，會發生什麼事呢？我們在投
資時應該要逢低買進，但人們總會在價格上漲後才晚一步行
動，因此賺不了錢。

現在，又有一個巨大的機會正在朝我們走來。沒人知道
下一次機會什麼時候會再到來。如果各位已經錯過了無數次
機會，希望這次一定要積極把握。

10
正在迎來減半的證據

減半前兆

讀到這裡，各位可能會有這樣的疑問。

「這次也有即將發生減半的前兆嗎？」

這是個好問題。過去並不能保證未來，因此抱持懷疑、評估可能性的態度非常可取。這個問題值得我們花時間探討。首先，過去發生比特幣減半事件前有沒有出現什麼前兆呢？如果能掌握前兆，我們也許就能藉此判斷未來是否會發生減半事件。現在，讓我們來一探究竟。

1. 價格趨勢改變

首先，讓我們來看一下價格趨勢。既然所有的減半事件都導致比特幣價格大幅上漲，那減半前肯定會有一些價格

波動的跡象。要掌握這些跡象，就必須以寬闊的視野追蹤趨勢。僅憑短期的價格波動是無法看出趨勢的。那要如何掌握宏觀趨勢呢？最簡單的方法就是試著繪製趨勢線。

　　比特幣的價格每次都會在減半後期見頂，並且逐漸開始下跌趨勢。下圖中的紅線是將價格呈下跌趨勢時的高點連接起來的線。我們可以觀察到，隨著高點不斷下移，價格會持續走低。但在下一次減半事件臨近時，比特幣價格會突然突破下降趨勢線（藍色圓圈）。之後價格會逐漸上漲，並在減半中期開始飆漲。

■ 過去三次減半週期價格趨勢改變的時間點

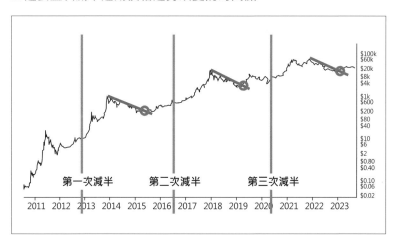

資料來源：glassnode.com

　　那這次又會如何呢？前一次減半週期，也就是第三次
減半週期時，比特幣價格於 2021 年 11 月見頂，之後和前兩
次減半週期一樣開始下跌。接著，在 2023 年 1 月價格上升
後，比特幣價格趨勢發生了變化。讓我們把這個部分放大，
仔細觀察一下。

■ 第三次減半至第四次減半的價格趨勢改變

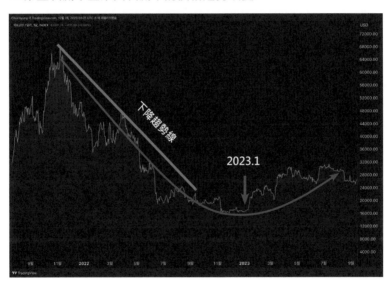

資料來源：webull.com

　　怎麼樣？我們能清楚地從圖中看出價格趨勢明顯發生了
變化。為什麼會出現這種變化呢？答案就在過去的減半週
期中：因為隨著下一次減半事件臨近，市場價格正在逐步上

升。也就是說，想賣的人正在減少，想買的人正在增加。因此，「減半事件臨近時跌勢結束、價格趨勢隨之發生變化」可以視為投資者們正在為新一輪減半做準備的證據。

2. 減半週期曲線與前三次相似

第二，讓我們直接與過去的減半週期曲線進行比較。比特幣減半週期既然有一個固定模式，那週期曲線應該會長得很相似。讓我們來看一下走勢圖。就如同我在前面說明技術成熟度曲線時所說的那樣，過去的減半週期曲線與技術成熟度曲線相似，而截至 2023 年下半年的減半週期曲線也是如此。

■ 第一次至第三次減半週期價格走勢圖

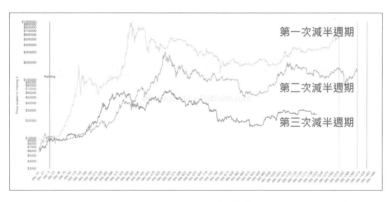

資料來源：bitcoinstrategyplatform.com

2021 年底，比特幣價格在「膨脹預期峰值」階段見頂，並在 2022 年進入了「幻滅的低谷」階段。2023 年上半年，比特幣價格進入了「啟蒙的斜坡」階段，價格走勢從下行轉為上行。2023 年下半年，比特幣價格進入了「生產力成熟期」階段。曲線既然長得這麼相似，我們應該可以認為這次的比特幣減半週期正在順利進行。

3. 突破100日移動平均線

接下來，我們要觀察的是比特幣價格的移動平均線（Moving Average，簡稱 MA）。移動平均線指的是將某段期間內的平均價格變動連接而成的線（詳細內容稍後會說明）。

以 100 日指數移動平均線（100 EMA）為基準時，如果比特幣價格高於這個均線，代表走強；如果價格低於這個均線，則代表走弱，而且我們可以知道這時處於減半週期的底部。此外，我們可以確認當比特幣價格突破 100 日移動平均線並往上走時，新的減半週期就會被觸發。2023 年 3 月，減半週期就被觸發了，即比特幣價格突破了 100 日移動平均線。這可以說是一個非常正面的訊號。

■比特幣價格與100日移動平均線

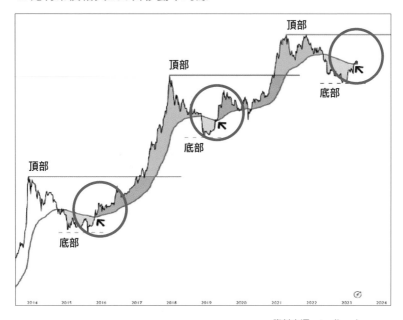

資料來源：tradingview.com

知識補給站

必備知識：移動平均線

　　移動平均的英文為 Moving Average，簡稱 MA。移動平均顧名思義指某段時間內的平均移動值。圖中的平均移動值指的是價格，因此我們可以把移動平均視為某段時間內的平均價格。將這些價格連接而成的線就是移動平均線。舉例來說，50 日移動平均指的就是過去 50 天的平均價格。價格通常使用每個交易日的收盤價。

■ 50日移動平均線範例

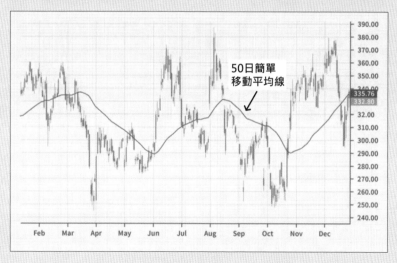

資料來源：investopedia.com

所謂的簡單移動平均（Simple Moving Average，簡稱 SMA）指對特定期間內的價格進行簡單平均計算後得出的算術平均數。

指數移動平均（Exponential Moving Average，簡稱 EMA）則會給予最近的價格較高的權重。以 50 日 EMA 為例，過去 50 天的平均值中，近期的價格會被給予較高的權重。權重的計算公式如下。

$$\text{K} \times （當天收盤價 - 前一天 EMA） + 前一天 EMA$$
$$\text{K} = 2 ／（天數 + 1）$$

舉例來說，20 日 EMA 會給予最後一天的收盤價，也就是第 20 天的收盤價 2 ／（20 + 1）＝ 9.524％的權重，因此越是近期的值所占的比例會越大。那當近期的值占比較大時，會發生什麼現象呢？答案是會對最近的價格變化更敏感。因此，短期交易者通常比較喜歡 EMA，中長期投資者或動能交易者則比較喜歡能準確掌握平均值的 SMA。

■ 移動平均線的功能

■ 那斯達克指數和50日簡單移動平均線（SMA）

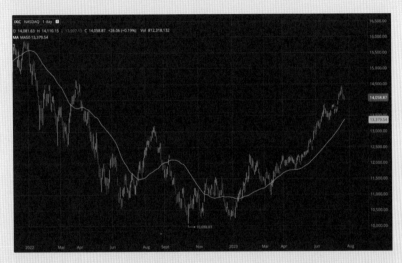

資料來源：webull.com

　　那使用移動平均線的根本目的是什麼？移動平均線最重要的功能是能用來確認趨勢。上圖是那斯達克指數和 50 日 SMA。我們可以發現圖表前半段（左）呈明顯的下降趨勢，後半段（右）呈現明顯的上升趨勢。像這樣，移動平均線能幫助我們一眼就看出價格方向，也就是價格走勢。使用短期移動平均線能掌握短期趨勢，使用長期移動平均線能掌握長期趨勢。

移動平均線的另一個功能是能用來尋找支撐位和阻力位。移動平均即指平均價格，而平均價格意味著投資者們集中在該價格上。我們通常稱其為成交量分布。當投資者們集中於某個價格時，這個價格很容易發揮支撐或阻力作用。我們可以從下圖看出，50 日 SMA 在左側附近發揮了阻力作用，在右側附近發揮了支撐作用。為什麼會這樣呢？

■ 50日簡單移動平均線（SMA）的支撐位和阻力位

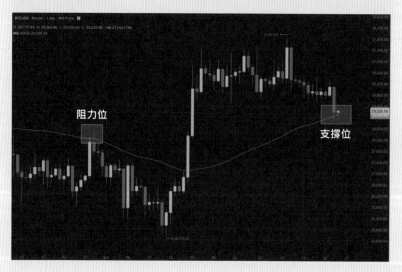

資料來源：webull.com

　　假設有很多投資者集中在某個價格段上。如果商品價格先跌後漲，那之前遭受評價損失的投資者在看到價格恢復到其之前買入的價格時，就會想賣掉商品止損。這時價格會遇到壓力而容易下跌。相反地，之前低價買入商品的投資者不會想再買進這個商品，他們會等到價格跌到其之前買入時的價格才會再買進。這時價格會遇到支撐而容易上漲。像這樣，如果投資者們集中在某個價格段上，那必須等到阻力位的空頭消化完，或是支撐位的多頭消化完，價格才會上升或下降。

　　那投資者們通常都使用幾日均線呢？這取決於投資者的投資時間長短。如果是短期投資者，近期趨勢會比較重要；如果是中長期投資者，長期趨勢會比短期趨勢重要。因此，各位只要根據自己的投資時間長短來決定自己要使用哪個移動平均線就可以了。順道一提，投資者們最常使用的移動平均線為 20 日、50 日和 200 日移動平均線，這些移動平均線分別會被用來觀察短期、中期和長期趨勢。

　　觀察移動平均線時，黃金交叉（Golden Cross）和死亡交叉（Death Cross）是相當重要的信號。如 85 頁的圖片左側所示，死亡交叉指短期移動平均線從上方向下跌破長期移動平均線的交叉現象，這通常代表趨勢從看漲轉向看跌。相反地，如右側所示，黃金交叉指短期移動平均線從下方向上突破長期移動平均線的交叉現象，這代表趨勢從看跌

轉向看漲。各位當然可以自行選擇要使用哪個移動平均線，只不過短期移動平均線通常多使用 50 日均線，長期移動平均線則多使用 200 日均線。我想，這大概是因為大部分的投資者都認為這兩個投資期間最能客觀地觀察趨勢。

■ 20日、50日、200日移動平均線

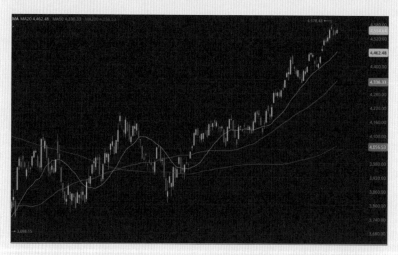

從右上角開始，分別為20日（綠線）、50日（藍線）、200日（紅線）移動平均線。

資料來源：webull.com

■ 黃金交叉 vs. 死亡交叉

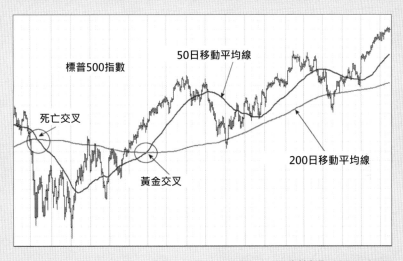

資料來源：bigtrend.com

■ 移動平均的局限性

移動平均線和其他輔助指標一樣，有「時差」這個局限
性。移動平均線是利用過去的價格算出的指標，因此它不能
用來預測未來，只能用來「確認趨勢」。利用移動平均線預
測未來，就像是看著後照鏡開車。無論我們使用什麼方法，
都不可能預測出短期的價格變化。這也就是為什麼比起執著
於價格波動，我們更應該集中於資產的本質價值。

4. 一度突破主要趨勢線

接下來要看主要趨勢線。趨勢線會像在領土上劃界線那樣，明確地劃分上升行情和下跌行情。

比特幣的價格大多會在見頂回落、持續下跌、觸底反彈後，在某個瞬間穿過前一輪牛市的底線，也就是「頸線」（Neckline）。這個瞬間就是下一個減半週期正式開始的時間點。這條頸線的價格約為 3 萬美元，比特幣價格曾在 2023 年 4 月和 6 月一度突破這條頸線。突破頸線兩次代表「下一個減半週期已開始」。就像鍋裡的水開始沸騰時，鍋蓋會微微跳動那樣，比特幣價格會在上漲前多次突破趨勢線。

■ 比特幣價格短暫突破主要趨勢線

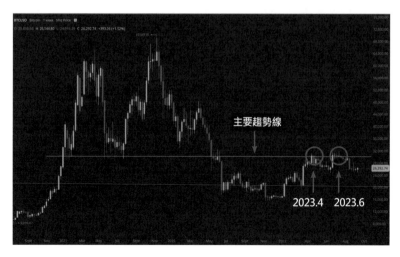

2023年4月和6月，比特幣價格一度突破主要趨勢線。

資料來源：webull.com

5. 月MACD反彈

　　MACD 為指數平滑異同移動平均線（Moving Average Convergence/divergence）的簡稱。無論是在股市還是在其他投資市場，MACD 都是一種經常被用於技術分析的代表性指標，其通常被用來分析價格趨勢和價格走向，又尤其被用來找出買賣時間點。通常 MACD 向上突破某個點時，會被視為買進訊號，而當 MACD 向下跌破某個點時，會被視為賣出訊號。

　　比特幣的月 MACD 觸底反彈，代表前一個週期即將結束，以及新的週期即將開始。這次是在 2022 年底時觸底之後持續反彈，因此我們可以判斷新的週期已經開始。

■ 比特幣的月MACD

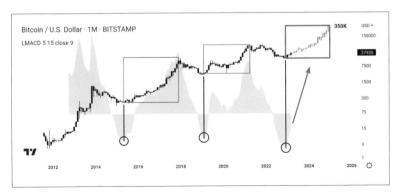

比特幣的月MACD從2023年開始反彈。

資料來源：tradingview.com

6. 月RSI跌破50

　　RSI 是相對強弱指數（Relative Strength Index）的簡稱。這是投資市場上最常使用的技術分析指標，容易用來掌握價格上漲造成的超買（Overbought）狀態和價格下跌造成的超賣（Oversold）狀態。RSI 值介於 0 ～ 100，如果 RSI 值高於 70，代表價格處於超買狀態，此時上漲空間有限。相反地，如果 RSI 值低於 30，代表價格處於超賣狀態，反彈的可能性較高。但是，如果把 RSI 當作唯一的買賣信號會很危險，我們必須綜合考慮各種情況。

　　當比特幣的月 RSI 跌破中立基準，也就是跌破 50 時，會迎來週期轉折點。RSI 在跌破 50 後觸底反彈並回升到中立基準以上時，可以視為週期轉換完畢，新的週期即將開始。比特幣於 2023 年 1 月突破了這個基準，因此我們可以說比特幣已經進入了新的週期。

■ 比特幣的月RSI

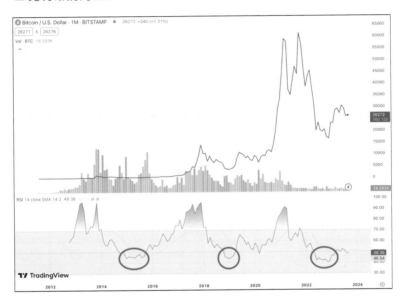

2022年底，比特幣的月RSI跌破了50。

資料來源：tradingview.com

7. MVRV在跌破1後又突破了1

　　MVRV（Market Value to Realized Value）是比特幣市值除以已實現市值所得到的值。該指標會顯示比特幣的當前價格是否被高估或低估。我們可以從下一頁的圖中看出，MVRV被圈起來的部分突破了1，宣告了新週期的開始。這顯然可以解讀成「前一輪週期的熊市結束，新一輪週期的牛市即將

開始」。因此在判斷比特幣週期的整體趨勢時，MVRV 被認
為是相當可靠的資料和代表性趨勢指標。

簡單地說，比特幣的總市值除以比特幣的交易價格總和
即為 MVRV。當 MVRV 跌破 1（代表整個市場正在遭受損
失）後再次突破 1 時，會視為熊市結束，市場即將邁向新的
週期、正式開啟新趨勢。每個週期都會出現相同的模式。這
次，MVRV 於 2023 年 1 月突破了 1，宣告了新週期的開始。

■ 比特幣的MVRV

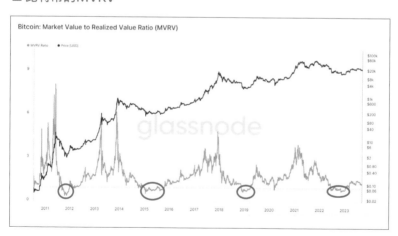

2023年初，比特幣的MVRV突破了1。

資料來源：glassnode.com

知識補給站

MVRV：判斷比特幣價格的泡沫程度和低點

　　MVRV（Market Value to Realized Value）是觀察比特幣超買和超賣程度時最常使用的代表性指標，所以一定要了解 MVRV。簡單地說，MVRV 就是市值除以已實現市值。

$$\text{MVRV Ratio} = \frac{\text{市值（Market Cap）}}{\text{已實現市值（Realized Cap）}}$$

　　什麼是已實現市值呢？為了理解已實現市值，我們必須先了解什麼是已實現價格。

　　（為了方便計算，我們假設地球上一共只有五枚比特幣，且當前比特幣價格為 20,000 美元。）

　　已實現價格（Realized Price）：已實現價格指將所有比特幣的最後一次交易價格加總後，除以當前的比特幣發行量所得到的數值。舉例來說，假設 1 號比特幣的最後一次交易價格為 10,000 美元、2 號比特幣為 13,000 美元、3 號比特幣為 15,000 美元、4 號比特幣為 18,000 美元、5 號比特幣為 20,000 美元（最後一次的交易價格即為當前的市場

價格）。那麼，已實現價格為（10,000 ＋ 13,000 ＋ 15,000 ＋ 18,000 ＋ 20,000 ） ／ 5 = 15,200 美元。簡單地說，我們可以把已實現價格想成是當前比特幣市場的平均購買價格（平均單價）。

那麼，接下來要算已實現市值就很容易了。

已實現市值（Realized Cap）：已實現市值指比特幣的已實現價格乘以比特幣的發行量所得到的數值。那已實現市值和一般市值有什麼不同呢？若基於上述大前提，一般市值為 20,000×5 = 100,000 美元，已實現市值則為 15,200（已實現價格）× 5 = 76,000 美元。

上述內容總結如下：

已實現市值＜市值：被高估

**　　　　　（當前價格比平均購買價格高）**

已實現市值＞市值：被低估

**　　　　　（當前價格比平均購買價格低）**

以數字來表示這個比例的指標就是 MVRV。讓我們來看看下面的例子。

（無論是市值還是已實現市值，流通量都一樣。因此，我們不一定要比較市值和已實現市值，我們可以比較當前價格和已實現價格，反正這兩者的比較結果都一樣。）

$$\frac{30,000 \text{ 美元（當前價格）}}{20,000 \text{ 美元（已實現價格）}} = \text{MVRV } 1.5$$

當 MVRV 為 1.5 時，代表市場當前的交易價格比平均購買價格高 1.5 倍，這意味著比特幣持有者平均可賺得 50% 左右的利潤。因此，投資者通常會認為這時的賣出壓力比較大。但事實未必如此。賣出壓力並不完全取決於投資者的平均報酬率。因為很少有投資者會才剛賺到錢，就立即拋售比特幣。

以四年減半週期為單位來看，比特幣的平均 MVRV 約為 1.7，也就是交易價格比平均購買價格高 1.7 倍左右。因此，我們可以說，當 MVRV 低於 1.7 時，代表比特幣被低估，當 MVRV 高於 1.7 時，則代表比特幣被高估。此外，從歷史上來看，MVRV 跌破 1 時價格處於底部區間，MVRV 突破 3.7 時價格處於頂部區間。也就是說，我們可以得出以下結論。

MRVR < 1：應密集累積

MVRV < 1.7：低於平均價格，應該積極買進

MVRV > 1.7：高於平均價格，應該適度買進或持有

MVRV > 3：準備賣出（短期、中期投資者）

MVRV > 3.7：應該賣出（短期、中期投資者），長期
　　　　　　投資者也應該縮小槓桿

　　像這樣，利用 MVRV 可以推測當前市場的平均利潤大
概是多少、投資者們的心理會產生什麼反應。如果是短期或
中期投資者，還能將 MVRV 視為買進和賣出的訊號。

■ 利用MVRV判斷市場底部和市場頂部

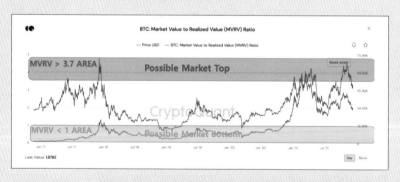

從歷史上來看，MVRV跌破1時處於市場底部，突破3.7時處於市場頂部。

資料來源：cryptoquant.com

11
一切都在指向第四次減半

進入新一輪週期的訊號

就如同前面所說，所有的指標都在指向同一個方向。幾乎所有的指標都在 2022 年底至 2023 年初開始，宣告了下一個週期的開始。實際上，比特幣就像是在告訴我們趨勢已經發生了變化一樣，其價格在 2023 年第一季度上漲了 72％。這代表什麼？這不就代表這次也出現了宣告新一輪週期開始的徵兆嗎？

那麼，讓我來問一個大家最想問的問題吧。第四次減半到底會從什麼時候開始？比特幣每挖完 21 萬次礦就會減半，若以 2023 年 12 月為基準所估算的時間，預計下一次減半最有可能從 4 月 23 日開始。不過，由於每次挖礦的時間間隔都不同，確切的日期會不斷改變，因此無法準確預測。

■第三次減半結束、第四次減半即將開始的趨勢

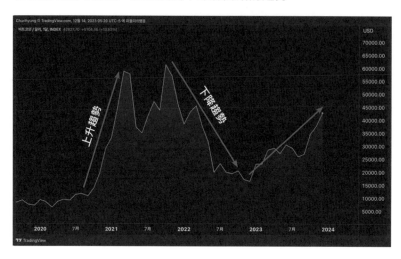

資料來源：tradingview.com

　　目前，比特幣已經從 2024 年 4 月 20 日正式迎來了第四次減半。這次減半到底會開展出什麼樣的歷史，非常令人期待。怎麼樣呢？讀到這裡，各位應該跟我一樣很期待減半後會發生什麼事吧！但要興奮還為時過早。因為還有許多更有趣的事在等著我們。

BITCOIN SUPER CYCLE

第 4 章

為比特幣超級循環做好準備！

讓我們從現在開始為超級循環做好準備吧。各位的未來將根據各位所做的準備和應對，發生巨大的變化。投資者應該要在自己認知的範圍內進行投資。將大筆資金投入到不熟悉的資產，不過是在賭博，很難取得好的結果。這也就是為什麼無論眼前有多好的機會，也都應該要在抓住這個機會前，做好功課並徹底了解。越是了解超級循環，就能獲得越多的報酬。

12
不只是新一輪循環，還是超級循環？

為什麼會迎來「超級」循環？

　　我們在前面章節確認了隱藏在比特幣四年價格循環中的祕密和這個週期對比特幣價格造成的影響，也確認了前三次減半週期都正常運作、沒有任何異常。那麼，我們可以推測第四次減半也將有效運作，比特幣價格將再次大幅上漲。但這次會遇到前三次沒有的特殊條件，因此即將到來的第四次減半週期預計會變成一個極為強大、在一般情況下不會出現的超級循環。

　　海浪的高度取決於海風、海底地形、與陸地的距離、潮流、氣壓等各種條件。當海浪遇上超級強風、急劇的氣壓變化和各種其他條件時，可能會形成巨大的海嘯。決定資產價格的過程與其相似。資產的價格絕不是只由單一因素決定的，它會受到各種內生性原因和外部條件影響。無論海浪打

得再怎麼高，如果距離陸地太遠或遇到超強逆風，海浪會在到達陸地之前轉弱。同樣地，比特幣的價格不是百分之百由比特幣本身的內生性原因決定的，比特幣價格也會受到宏觀經濟狀況、貨幣政策等外部條件影響。

但就像巨大的海浪加上其他條件時可能會形成海嘯一樣，資產價格可能會因為內生性原因加上外部條件而迅速飆升。第四次減半到來之際，有機會使價格飆升的條件正在形成。如果這些條件中大部分的條件真的在第四次減半期間成立，那第四次減半週期將有可能成為「超級循環」，出現前所未有的飆升趨勢。

超級循環，各位不覺得光是聽到這個詞，就讓人感到興奮嗎？現在開始，讓我們來看看第四次減半週期變成超級循環的可能性。

13
超級循環的基本條件：供需衝擊

就算戰爭爆發也會發生減半

　　2024 年 4 月 20 日，我們正式迎來了比特幣第四次減半。減半會導致比特幣供應量減少、價格上漲，這是前三次減半時皆發生過的現象。截至 2023 年下半年，減半週期的趨勢都正常走在軌道上，並沒有偏離的跡象。

　　比特幣減半導致的價格上漲，起因於比特幣本身的價值變化，也就是內生性原因。無論外部條件發生什麼變化，比特幣每四年都會減半一次，每次減半時供應量都會減少一半。不管有沒有陷入經濟蕭條、發生大流行病或爆發戰爭，都一定會發生減半。像這樣，比特幣具有導致價格每四年大幅波動一次的強大因素。前面曾提到，資產的價格並非百分之百取決於自身因素，外部條件也會發揮重要作用。那麼，對比特幣價格影響最大的外部因素是什麼呢？

影響比特幣價格的外部因素

在右頁上方的圖表中，上面的線為比特幣價格，下面的線為美國十年期公債殖利率。我們可以從箭頭所指的部分看出美國公債殖利率觸底的時間點正是比特幣減半、新週期開始的時間點。雖然這兩者並不是百分之百負相關，但比特幣價格可以說與美國公債殖利率呈現一定程度的相反趨勢。

那決定美國公債殖利率（收益率）的因素有哪些呢？決定美國公債殖利率最重要的因素是利率。具體來說是美國央行（聯準會）決定的基準利率。其中，越是短期的公債，就越容易受利率影響。因為到期年限越短，當前的基準利率就會變得越重要。以兩年後到期的公債為例，其殖利率取決於從現在起至兩年後的平均利率。但如果是十年後到期的公債，那比起當前的利率，未來幾年的平均利率會對殖利率有更大的影響力。

右頁下方的圖表比較了美國的基準利率和兩年期公債殖利率。我們會發現，這兩者幾乎完全正相關。也就是說，美國公債殖利率下降的時間點即為美國基準利率下調的時間點。這代表美國基準利率下調時，比特幣週期的趨勢會改變。這算得上是為「美國基準利率是導致比特幣價格趨勢改變的原因」的說法提供依據，證實外部因素確實會對比特幣價格造成影響。

■ 比特幣價格 vs. 美國10年期公債殖利率

資料來源：twitter.com/TXMCtrades

■ 美國基準利率 vs. 2年期公債殖利率

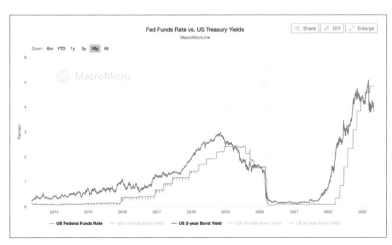

藍線為美國基準利率，紅線為美國2年期公債殖利率。

資料來源：macromicro.com

知識補給站

為什麼債券會影響比特幣價格？

■ 一分鐘了解什麼是債券

債券是國家或企業為了從投資者那借入資金而發行的借據。投資者會根據設定的利率獲得固定利息，持有至到期日時可收回本金。此外，債券被視為有價證券，因此債券有可以在市場上自由交易的優點。但債券的交易價格取決於市場原理，因此如果債券發行人破產，投資者便無法收回本金和利息。

債券是一種可交易的有價證券，因此價格可能會發生變動，而且利率會對債券價格造成較大的影響。如果上調基準利率，之後發行的新債券利率會提升，已發行的舊債券價格會因而下跌。

原理很簡單：要是未來發行的新債券利率比較高，那當然不會有人想買已發行的低利率債券。那舊債券的價格會下跌多少呢？這取決於新發行債券的殖利率。讓我們來看看幾個例子。

舊債券：面額（價格）100 萬元＆票息（利率）3%

∧

新債券：面額（價格）100 萬元＆票息（利率）4%

　　如果這時購買舊債券，每年可領 3% 的利息，也就是 3 萬元。但如果購買新債券，每年可領 4% 的利息，也就是 4 萬元。兩者相比，誰會去買舊債券呢？當然不會有人買。因此，新債券的利率上升，舊債券的價格就會下跌。

舊債券：市場價格 75 萬元＆

利率（收益率）為面額 100 萬元的 3%

‖（利率 4%）

新債券：市場價格 100 萬元＆

利率（收益率）為面額 100 萬元的 4%

　　就算市場上交易的債券價格發生變動，仍然必須以面額 100 萬元為標準計算利息。因此，交易價格下跌時，可領的利率會相對上升。舉例來說，如果以 75 萬元購買舊債券時可領 3 萬元的利息，那麼這時的利率為 4%，與新債券一樣。

　　但實際上，由於持有至到期時至少可領面額全額，因此價格不會跌這麼多。那麼，如果今天某個債券條件如上（包

含持有至到期時至少可領面額全額這個條件）、到期年限為
一年，且到期時可領回本金和利息，那價格會發生什麼變化
呢？

舊債券：面額（價格）100 萬元＆票息（利率）3%

→ 1 年後可領 103 萬元

∧

新債券：面額（價格）100 萬元＆票息（利率）4%

→ 1 年後可領 104 萬元

假設舊債券的價格跌到了 99 萬元。那因為到期時可領
103 萬元，舊債券的收益率會變成 4%，與新債券一樣。也
就是說，如果利率上升，債券價格就會下跌。相反地，如果
利率下降，債券價格就會上漲。接下來，讓我們來看看發生
比較大的變化時會變得怎麼樣。

舊債券：面額（價格）104 萬 8,000 元＆票息（利率）10%

→ 1 年後可領 110 萬元

‖（利率 5%）

新債券：面額（價格）100 萬元＆票息（利率）5%

→ 1 年後可領 105 萬元

假設舊債券的價格從 100 萬元漲到了 104 萬 8,000
元。這時會發生什麼變化呢？這時，等同於以 104 萬 8,000
元的投資額，領取了 110 萬元，因此利率約為 5%，變得與
新債券一樣。也就是說，利率下降時，債券價格會上漲。
像這樣，債券價格和利率（收益率）具有負相關的特性。學
習投資時，會發現債券利率（收益率）對市場有很大的影響
力。有這個基礎常識會有助於學習投資。

　　不過在實際情況中，還得考慮持有時間、稅金等其他條
件，因此債券利率（收益率）和價格之間的變化會比上面的
說明複雜。如果搞懂馬凱爾的債券價格定理，就能充分理解
這些變化。有興趣的讀者可以去了解一下。

■ 馬凱爾的債券價格定理

到期期間	票面利率	債券價格（r＝10%）	r＝5%（－5%）		r＝15%（＋5%）	
			債券價格	價格變動率	債券價格	價格變動率
3年	5%	8,717	10,000	(+)14.72%	7,619	(-)12.06%
	10%	10,000	11,385	(+)13.85%	8,809	(-)11.91%
	15%	11,282	12,769	(+)13.18%	10,000	(-)11.36%
	20%	12,586	14,154	(+)12.46%	11,190	(-)11.09%
5年	5%	8,051	10,000	(+)24.21%	6,526	(-)18.94%
	10%	10,000	12,200	(+)22.00%	8,263	(-)17.37%
	15%	11,948	14,399	(+)20.51%	10,000	(-)16.30%
	20%	13,897	16,599	(+)19.44%	11,737	(-)15.54%

資料來源：iprovest.com

14
比特幣與利率的關係

一分鐘了解基準利率

那為什麼美國的基準利率會影響比特幣？想了解其中的祕密，就得先了解基準利率的作用和美國央行（聯準會）調整利率的目的。

首先，什麼是利息？利息指「為了向其他人借錢所支付的費用」。當我們存款時，銀行會支付我們利息。更具體地說，銀行將我們存放的錢用在其他地方，這相當於銀行借用了我們的錢，因此銀行會支付我們利息。相反地，如果我們向銀行貸款，那就等同於我們借用了銀行的錢，因此我們必須支付銀行利息。借款人會向放款人支付費用，這個費用就是「利息」。也就是說，利息指為了使用某筆錢所支付的費用，因此利息又可以解釋為「錢的價格」。利息是由供需法則決定的。如果放款人比借款人多，那利率會下降。因為沒

多少人願意支付「錢的使用費」。相反地，如果借款人比放款人多，那利率會上升。因為就算要支付「使用費」也還是有很多人想借錢。

但如果利率取決於供需法則，那央行公布的利率有什麼意義呢？想要回答這個問題，我們得認識「基準利率」這個概念。為了讓經濟能夠正常運作，各國央行會設定一種叫「政策利率」的基準利率。

舉例來說，當央行將基準利率設定為 2％ 時，央行會想盡辦法讓市場利率變成這個利率。如果商業銀行之間進行貸款交易時適用的利率為 3％，但向央行借錢時利率只有 2％ 的話，會變得怎麼樣呢？所有的銀行都會向央行借錢。這是因為央行不僅利率低，還比其他機關安全可靠。如果最安全的機關願意以最低的利率放款，那有誰會拒絕向這個機關貸款呢？這時利率高就會失去競爭力。因此市場利率自然而然會跟著基準利率下降。那如果想讓利率上升的話，該怎麼辦呢？央行只需要調高利率。這麼一來，大家就會把錢存到央行。這時利率低就會失去競爭力，因此市場利率自然而然會跟著基準利率上升。此外，央行還會透過「公開市場操作」買賣各種債券，直接調節利率，或動員其他手段，讓市場利率最終趨近於政策利率。像這樣，市場利率會遵循供需法則，但基準利率會在決定市場利率方面發揮絕對的作用。

基準利率的目的是調節貨幣供給量

那麼，央行決定基準利率的目的是什麼？答案是調節貨幣供給量。當利率上升時，人們只會想存錢，而不會想借錢。因此，銀行會吸收掉所有的錢，導致市場上流通的貨幣量減少。相反地，當利率下降時，人們只會想借錢，而不會想存錢。因此，錢會從銀行流出，市場上流通的貨幣量會增加。像這樣，當利率上升時，貨幣的流通量會減少；當利率下降時，貨幣的流通量會增加。那央行調節貨幣供給量的目的是什麼？是為了維持經濟穩定。

如果貨幣供給量增加、市場上的錢太多，會產生物價上漲的副作用。由於企業和消費者都變得很有錢，大家會大量消費。也就是說，需求會增加。但價格是由供給和需求決定的，因此如果需求增加，價格必然會上漲。如果產品和服務的價格上漲，企業就會賺到更多的錢。企業賺到更多的錢，就會支付更多的薪資，消費者則會隨著收入增加而消費得更多，導致價格進一步上漲。這就是所謂的物價上漲、「通貨膨脹」。但就算物價上漲，只要能賺到更多的薪水，不就沒有問題了嗎？其實，這很有問題。假設炸雞價格漲了 10%，薪水也漲了 10%，雖然這個月的薪水買得起炸雞，但之前的存款價值會變得怎麼樣呢？物價漲得越高，過去辛苦存起來的錢就會變得越沒有價值，最後會導致國民的生活穩定性嚴

重下降。

像這樣，基準利率的作用就是調節貨幣供給量、避免發生通貨膨脹。如果央行提高基準利率，市場利率就會跟著上升。這麼一來，貨幣的流通量就會減少，企業和消費者就會變得沒有錢，物價自然而然會下降。但是，如果沒有錢的狀態一直持續下去，也會變得很危險。如果物價下跌，企業的收益就會減少。由於收益減少，企業就會解僱員工並調降薪資。消費者則會因為沒有錢而減少消費，導致企業收益變得更少、企業解僱更多員工並大幅砍薪，最終陷入惡性循環。這就是所謂的經濟衰退。這時所有人的荷包都會變扁，因此經濟衰退絕不是什麼好事。

那這時候該怎麼辦呢？很簡單。反過來操作就可以了。只要央行調降基準利率，市場利率就會跟著下降。這麼一來，貨幣流通量就會再次增加，錢自然而然會流入企業和消費者的口袋。像這樣，央行會透過調整基準利率來調節貨幣供給量，避免經濟過冷或過熱。

15
問題在於貨幣供給量！

比特幣和貨幣供給量

　　為了幫助各位理解基本概念，我花了較長的篇幅說明。現在開始，讓我們來看看利率和比特幣價格之間的相關性。前面曾提到基準利率會決定貨幣供給量。那麼，因為基準利率變動的貨幣供給量會對比特幣價格造成什麼影響呢？

　　假設現在利率下降，導致貨幣供給量增加。這時，比特幣價格會發生什麼變化呢？我們已經在前面學過貨幣供給量增加時會出現什麼現象了。由於市場上錢太多，因此物價會上漲。那比特幣呢？比特幣價格也一樣會跟著上漲。我來舉一個簡單的例子吧。假設這個世界上只有一枚比特幣，錢也只有 1 美元。如果這個時候一定要購買比特幣，比特幣的價格會是 1 美元。那如果同樣只有一枚比特幣，但貨幣量變成 2 美元的話呢？這時比特幣的價格會變成 2 美元。也就是

說，貨幣供給量增加時，比特幣價格會上漲。那如果利率上升，導致貨幣供給量減少的話，會變得怎麼樣呢？比特幣的價格會下跌。換句話說，當錢變得稀缺時，比特幣會變得相對便宜。

■ 美元指數 vs. 比特幣價格

藍線為美元指數，橘線為比特幣價格。

資料來源：tradingview.com

　　上圖是 2022 年 3 月美國升息之後六個月的美元指數和比特幣價格趨勢圖。美元指數是比較美元和其他主要貨幣價值的指數，簡單來說就是用來顯示美元價值的指數。我們會發現在美國利率上升的期間，美元價值向右上方移動，比特幣價格則往右下方移動，兩者明顯呈負相關。

　　利率會在決定比特幣價格方面發揮另一個非常重要的作用，那就是調節利息收益率。首先，請記住比特幣不會支付利息。假設利率上升，使得安全的銀行存款利率和債券利率上漲。這時，比特幣的需求是會減少，還是會增加？當無風險利率上升，比特幣的相對投資吸引力當然就會下降。因此，比特幣價格會受到負面影響。這種現象不僅適用於比特幣，還適用於大部分的無息商品（例如：黃金）。當利率上升、能安全獲得利息的投資商品增加時，比特幣這種無息商品的吸引力就會下降，因此其價格會面臨下行壓力。

　　下一頁的圖表是 2023 年 3 月至 5 月（3 個月）美國升息接近尾聲時的黃金和比特幣價格走勢對照圖。在前一頁的圖表中，美元和比特幣價格的走勢剛好相反。但在下一頁的圖表中，黃金和比特幣價格的走勢幾乎一致。像這樣，貨幣供給量這個變數會對比特幣價格發揮相當重要的作用。減半導致比特幣供應量減少、價格上升這個內生性原因固然重要，但利率和貨幣供給量這兩個外部變數也會對比特幣價格造成很大的影響。因此，比特幣價格要大幅上漲，就必須滿足比特幣本身的內生變數和來自外界的外部變數。如果無法同時滿足這兩個條件，價格上漲就會受到限制。相反地，如果同時滿足這兩個條件，那比特幣價格就會如虎添翼，獲得巨大的動力。

■ 黃金 vs. 比特幣價格走勢

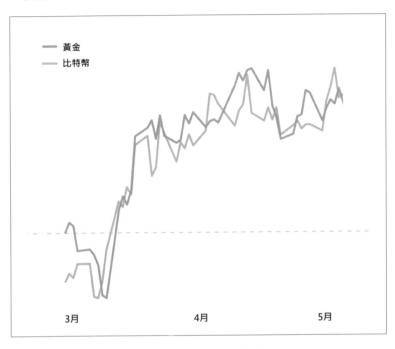

資料來源：twitter.com/ecoinometrics

知識補給站

比特幣是一種價值儲存手段

　　股價並不會因為利率上升就下跌，但為什麼唯獨比特幣、黃金這類資產會對利率這麼敏感呢？

　　右圖是美國基準利率和標普 500 指數（由美國五百大企業的股價構成）的走勢圖。圖中的紅柱為利率，藍線為股價。我們可以發現 2000 年起，利率上升時股價在上漲，利率下降時股價在下跌。2005 年起也一樣，利率上升時股價在上漲，利率下降時股價在下跌。同樣地，2016 年起利率上升時股價也在上漲，之後股價一直與利率同步變動，只是有些微的時差。為什麼會出現這種現象呢？既然利率上升時，貨幣供給量會減少、貨幣價值會上升，股價不是應該要下跌嗎？我們可以從景氣中找到答案。

　　當景氣好的時候，企業和家庭會因為有比較多的錢而到處消費且花錢不手軟。因此，企業會賺大錢，企業價值會提升。企業價值提升，股價當然就會上漲。但如果人們因為賺了大錢就揮霍無度，會產生物價上漲的副作用。前面曾提過，這時央行會透過升息來減少貨幣供給量。也就是說，利

率上升時期通常都是經濟繁榮時期。由於處於經濟繁榮時期，企業會賺大錢、企業價值會提升，因此就算貨幣供給量減少，股價也還是會上漲。

■ 美國聯準會基準利率 vs. 標普500指數

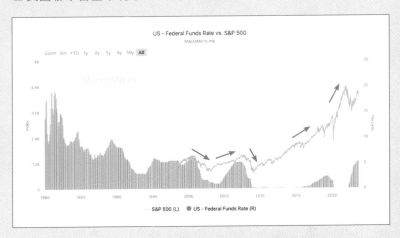

資料來源：macromicro.com

　　那為什麼比特幣對貨幣供給量的敏感度會比股票對貨幣供給量的敏感度高呢？比特幣不是企業，當然沒有所謂的業績。因此景氣好的時候，比特幣能得到的好處只有一個，那就是人們消費增加。但利率上升、貨幣供給量減少，對比特幣來說是相當不利的因素。

■ 全球貨幣供給量和比特幣價格的相關性

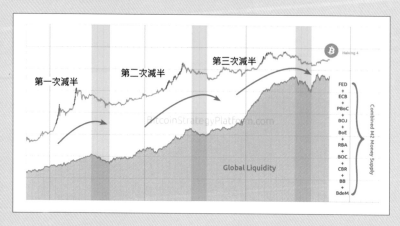

資料來源：@therationalroot by twitter

　　上圖顯示的是全球貨幣供給量和比特幣價格的相關性。
當全球貨幣供給量（藍色部分）增加時，比特幣價格（橘
線）在上漲，而當貨幣供給量減少時，比特幣價格在下跌
（比特幣是全球資產，因此會同時受到美國和全球貨幣供給
量的影響）。經濟繁榮並不會推動比特幣價格上漲，因此比
特幣對相對貨幣的價值較為敏感。比特幣、黃金這種與貨幣
完全相反的資產被稱為「價值儲存手段」。價值儲存手段幾
乎只會被用來保存購買力，而不會被用於其他目的。變成價
值儲存手段是商品變成貨幣的第一步，詳細內容會在後面說
明。

16

供給衝擊 × 需求衝擊
將造成前所未有的局面

如果第四次減半週期要變成超級循環

　　我們在本書前半段探討的比特幣減半，是導致比特幣本身價值上升的內生因素，也是在供給面影響比特幣價格的因素。因為比特幣供應量減少一半，會帶來巨大的供給衝擊。相反地，利率帶來的貨幣供給量變化是外部因素，這個外部因素會在需求面影響比特幣價格。如果貨幣供給量增加，貨幣對比特幣的匯率就會上升，比特幣的價格會因而上漲。換句話說，貨幣供給量增加會帶來需求衝擊。

　　那麼，第四次減半開始後會發生什麼事呢？前面提過，第四次減半週期可能會變成超級循環。我們還提到，比特幣必須同時受到內生因素和外部因素的影響，價格才會大幅上漲。第四次減半週期要變成超級循環，就必須同時發生供給

衝擊和需求衝擊。屬於供給衝擊的比特幣減半已經在 2024 年發生了。那麼，要滿足的條件只剩下屬於需求衝擊的貨幣供給量增加，也就是降息。為了驗證這一點，讓我們來回顧一下歷史紀錄。

■ 比特幣減半和利率的關係

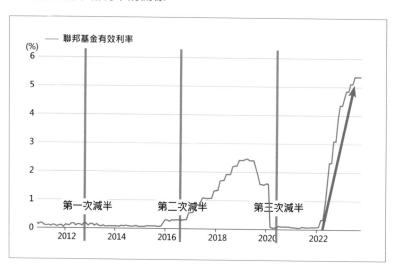

資料來源：fred.stlouisfed.org

　　讓我們先來看一下上圖中 2012 年發生的第一次減半。我們會發現減半前後一直都是零利率。也就是說，當時是貨幣供給量增加的時期。這對比特幣來說，無疑是個非常友好的環境。但這並不是最好的環境。因為市場具有「先反映特殊性」。讓我們來看下一頁的圖。

■ 景氣與市場趨勢比較

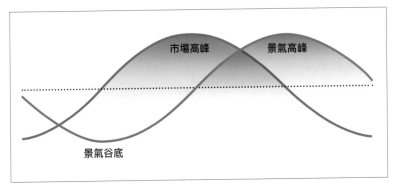

市場高峰　景氣高峰

景氣谷底

資料來源：stockchart.com

　　我們會發現當經濟觸底時（左側），市場已經先觸底反彈；經濟達到頂峰前（右側），市場已先見頂回落。

　　為什麼會出現這種現象呢？因為只要是投資者，就會想比其他人更早進入和退出市場，這樣才能在最便宜的時候買進，在最貴的時候賣出。因此，當經濟走向低谷時，預見未來的投資者會迅速買入，市場會因此迎來上升趨勢。相反地，當經濟邁向頂峰時，投資者們會預測未來經濟將下滑而事先撤離市場，市場會因此轉為下降趨勢。這就是市場的「先反映特殊性」。無論是景氣、新聞報導還是企業業績，最先反映的都是市場。這點同樣適用於利率。如果利率出現下降的跡象，貨幣供給量就會增加，由於這對市場有利，市場會在利率下降之前開始上漲。

前三次減半時市場的先反映特殊性

　　那麼，第一次減半時市場有過哪些變化呢？因為當時已經是零利率了，利率只有上升的空間，不會再下降。在這種情況下，利率很難為市場帶來巨大的利好。因為投資者們已經習慣了低利率，而且要是稍有不慎，利率還有可能會上漲。打個比方吧。假設我們在八月盛夏炎熱的室外晃了好幾個小時，然後走進了冷氣房，這時我們會瞬間感到非常涼爽。但如果我們一直待在室內的話呢？我們一下子就會適應，並不再感謝這令人感到舒爽的溫度。

　　人類通常會在糟糕的情況好轉時感到高興，同樣的情況持續時則不會有什麼特別的感覺。投資市場是一個最能赤裸裸地展示人類心理的地方。除非發生能讓人切身感受到的巨大變化，否則投資者們不會那麼容易感到振奮。因此，長期保持零利率是不錯的情況，但並不能說是最好的情況。

　　現在，讓我們來看看 2016 年發生的第二次減半。當時利率開始大幅上漲，是最糟糕的時期。前面提到過，投資者會在情況改變時反應得最激烈。那麼，一直都保持高利率和從低利率轉向高利率這兩種情況中，投資者會在哪個情況下更有危機感呢？當然是從低利率轉向高利率的時候。這不單單只是心理上的問題。實際上，利率上升會對金融市場產生巨大的影響。人們會在利率低的時候，用多餘的錢買房、買

車、買包包。如果沒有錢，就會借錢來花。由於市場資金氾濫，資金雄厚的企業和個人會變得更容易消費。此外，由於利率低，人們借錢時不會有任何負擔。

因此，人們會在低利率時期到處借錢，市場的債務規模會逐漸擴大。但如果這時利率上升，就會出問題了。因為借錢買股票、買房的人這時背負著巨額貸款和高額的信用卡費。如果這時利率上升，會變得怎麼樣呢？首先，投放到市場的資金會被銀行吸收，因此貨幣會變得稀缺。隨著貨幣價值上升，房子和股票等資產的價格會下跌。此外，由於貨幣緊縮，企業和消費者的收入都會減少。但由於利率持續上漲，光是要支付低利率時期借入的貸款利息，就會讓人覺得吃不消。更糟糕的是，還有一堆分期付款要繳。也就是說，大家會迎來最糟的情況。

這時，比特幣的價格會變得怎麼樣呢？當然是會受到巨大的下行壓力。從低利率轉向高利率的時期對比特幣來說也是最糟糕的時期。但前面也提過，比特幣最終還是克服了這個最糟的情況，第二次減半時比特幣價格依舊大幅上漲。這意味著什麼呢？這意味著利率、貨幣供給量、流動性等外部條件固然重要，但比特幣供應量減少這個減半效應勝過了外部效果。當然了，最好的情況是外部條件推動減半效應。

那第三次減半時的情況又如何呢？當時的情況與第一次減半時相似。第三次減半開始前利率已在下降，然後在即將

減半之際新冠大流行，利率一下子就降到了零。所以當減半開始時，利率已經沒有了下降的空間。前面提過，低利率環境雖然是好環境，但長期保持低利率並不是最好的環境。第三次減半時，是在即將減半之際變成了零利率，因此環境確實是比第一次減半時好，但仍不能算是最好的環境。此外，第三次減半時真正的問題在後期。這部分之後會仔細探討，我在這裡就只簡單地說明。

我們能從第 122 頁的圖發現，第三次減半後期，利率直線飆升。當時是從低利率轉向高利率的時期，也就是最糟的時期，升息的恐懼在第三次減半後期一直困擾著比特幣。這是因為美國的物價僅在兩年內就上漲了近 10%，人們也早料到政府會大幅升息。受此影響，第三次減半後期的外部條件變得相當差。雖然第二次減半時利率也正好上漲，但當時才剛開始減半，因此第二次減半時比特幣供應量減少帶來的效果發揮了最大的作用，讓比特幣足以克服升息這個外部不利因素。但第三次減半是在後期迎來了升息。減半週期都快結束了才升息，對比特幣來說實在是太不利了。從各方面來看，第三次減半時，利率對比特幣來說並不是那麼友好。

第四次減半時會如何呢？

那麼，第四次減半發生時會變得如何呢？第四次減半已

經從 2024 年 4 月 20 日正式開始。那美國究竟什麼時候會開始降息呢？

■ 2024年美國降息預期時間

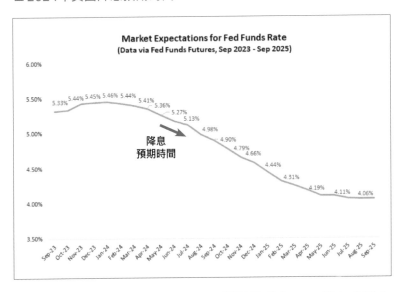

資料來源：Twitter.com/@charliebilello

雖然沒有人能知道確切的時間，但專家們認為美國會在 2024 年 3 月至 5 月左右開始降息。這與 2024 年 4 月比特幣減半的時期非常相近。也就是說，利率會在比特幣減半前後下降。前面曾提到，最糟糕的時間點是從低利率轉向高利率的時候。那最佳的時間點會是什麼時候呢？反過來想就可以了。答案是從高利率轉向低利率的時候。此刻就宛如在炎熱

的室外晃了好幾個小時後走進冷氣房。基本上，人們會在最糟的時期過去後，期待一切好轉起來。我在前面提到過，市場具有「先反映特殊性」。這個特殊性同樣適用於利率下降的時候。當高利率時期結束、利率開始下降時，市場會提前反映未來。就算現在處於高利率時期，如果人們推測未來利率會下降，那大家花錢時就沒那麼有負擔。還請各位不要忘了第 123 頁的圖表，景氣最差時市場可是跑在前面。

像這樣，第四次減半時，最佳的外部條件（利率開始下降的時期）與比特幣自身最佳的條件（減半的時期）很有可能幾乎重疊在一起。也就是說，屆時會同時面臨供給衝擊（比特幣供應量減少）和需求衝擊（貨幣供給量增加導致比特幣需求增加）。當需求不變、供給減少時，價格會上漲；當供給不變、需求增加時，價格同樣也會上漲。那如果供給減少、需求增加的話呢？

供給衝擊 × 需求衝擊 ＝ ？

當供給減少時需求增加，會變得怎麼樣呢？與第四次減半相比，前三次減半時這兩個條件都沒有達到最佳的狀態。因此，第四次減半時說不定會產生前所未有的協同效應。

10 乘以 10 等於 100，而不是 20。同樣地，「供給衝擊乘以需求衝擊」得到的應該是加乘效果，而不是兩個條件帶

來的效果總和。如果真的能得到加乘效果，那結果一定會非常驚人。因此，我才會稱第四次減半週期為「超級循環」。

供給衝擊 × 需求衝擊 ＝ 比特幣超級循環

第 5 章

將創造更強大超級循環的催化劑

第四次減半週期，預計將在減半帶來的供給衝擊（比特幣的內在因素）和降息帶來的需求衝擊（屬於總體經濟的外部因素）相互作用之下出現超級循環。除了上述這兩項因素，還有其他可能會對未來價格造成極大影響的機會存在，這些機會大部分很有可能會在第四次減半發生，讓比特幣更具吸引力。

　　供給衝擊加上需求衝擊，造成比特幣價格上漲動能強勁，形成超級循環。若再加上利多消息呢？那將會像火上加油，能夠帶來更強烈的效果。若是這種強烈的效果不只有一個，而是很多個連續發生呢？到時候超級循環會帶來多強大的風暴，令人難以預測。

　　接下來，讓我們一起檢視比特幣未來的幾項利多吧。

17
創造超級循環：
顛覆市場的關鍵

比特幣市場的重要參與者：貝萊德

2023 年 6 月，貝萊德公司（BlackRock）申請發行比特幣現貨 ETF。消息一傳出，當時價位在 25,000 美元左右的比特幣，瞬間漲破 30,000 美元。貝萊德申請發行比特幣現貨 ETF，到底是多麼了不起的一件事，竟然讓比特幣價格在短期內漲幅超過 20％？

要知道這個問題的答案，必須要先知道貝萊德是一間多厲害的公司。貝萊德是全球規模最大的投資管理公司，以 2023 年上半年為基準，它所管理的資產超過 9 兆美元。 9 兆美元將近新台幣 300 兆元，這是非常驚人的龐大金額。管理著這樣天文數字的資產，它當然是世界第一了。在此提供一個數據給讀者參考，2023 年台灣的國民年金保險基金整體規

模是新台幣 5,217 億元。9 兆美元或是新台幣 300 兆元這種
單位太大，很難有具體的想像，但與國民年金的基金規模相
比，就會知道貝萊德的規模有多驚人。貝萊德接受客戶的委
託，管理著如此龐大規模的資產，它以包含了各種基金的投
資組合來進行投資管理。簡單來說，它負責將客戶的錢變
大，而這間公司，現在說要發行比特幣現貨 ETF。

比特幣ETF？不是早就有了嗎？

看到這，我想各位大概會產生新的疑問。

「不是早就有比特幣 ETF 了嗎？」「現貨 ETF 又是什
麼？」「那之前的 ETF 是什麼？」

為了讓讀者快速理解，我簡單說明一下。

指數股票型基金（Exchange-traded Fund，簡稱 ETF；也
稱作「交易所交易基金」）指的是追蹤特定指數，例如美國
的標普 500 指數或那斯達克綜合指數，能像股票那樣進行交
易的基金，簡單來說，就是「可以交易的基金」。平常去銀
行購買基金，一般來說每個月都得存入特定金額，而且不能
隨時拿回金錢，即使解約，想要把錢拿回來也需要時間。
ETF 則和平常買賣股票一樣，能夠在證券交易所即時買入與
賣出。

那比特幣現貨 ETF 是什麼呢？其實在美國，已經有比特

幣 ETF 了，但並不是「現貨 ETF」，而是「期貨 ETF」。期貨（Futures）是預測未來價格的交易，這類的交易稱為衍生性金融商品交易。要解釋衍生性金融商品得花上許多時間，我們現在探討的主題是比特幣超級循環，而不是衍生性金融商品交易，所以我只簡短解釋一下。

比特幣期貨交易是預測未來某個時間點比特幣價格的交易，將這類的期貨商品組合起來的「可交易基金」，就是比特幣期貨 ETF。然而，這種期貨 ETF，並不是實際在交易比特幣，而是交易對比特幣未來價格的預測，因此對比特幣的價格沒有直接影響（當然有可能有間接影響）。

現貨ETF的偉大之處

貝萊德這次申請發行的 ETF，是比特幣現貨 ETF。現貨 ETF 與期貨 ETF 有什麼不一樣？最大的不同在於，現貨 ETF 是發行公司真的購買並持有比特幣。換句話說，就是管理著 9 兆美元資產的貝萊德，使用客戶的錢去購買比特幣。聽起來不覺得是一件很瘋狂的事情嗎？實際上，擁有鉅額資產的投資管理公司發行現貨 ETF，有望對資產價格造成極大的影響。

與比特幣相似，同為貨幣性資產的黃金，在 2003 年初即將核准發行黃金現貨 ETF 時，價格約在 300 美元。然而，

自從黃金現貨 ETF 正式核准後，黃金價格就開始飆漲，直到 2011 年突破 1,921 美元，八年來漲了 5 倍以上。許多的投資管理公司紛紛加入黃金市場，使得資金大規模流入，引爆黃金價格暴漲。2003 年，黃金現貨 ETF 核准時，黃金的總市值約為 2 兆美元，這相當於 2023 年比特幣總市值的 4 倍，若考慮當時的物價，黃金市場的規模其實更加龐大。當時美國股市第一名的企業為奇異公司（General Electric Company），它的總市值約為 5,000 億美元，從這就能知道黃金市場的規模有多大。規模如此巨大的市場，在短短八年又成長了 5 倍以上，各位應該不難想像現貨 ETF 的發行會對資產價值造成多大的影響。

■ 黃金現貨ETF核准後的黃金價格趨勢

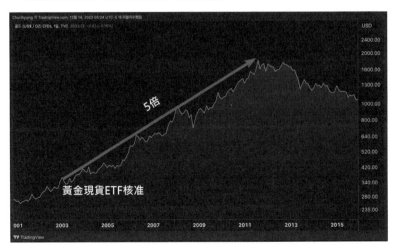

資料來源：tradingview.com

現貨 ETF 可能會成為改變遊戲規則的商品，然而相較於期貨 ETF，價格被操縱的風險高，因此美國證券交易委員會（United States Securities and Exchange Commission，簡稱 SEC）一直以來都拒絕准許發行。不過，自從貝萊德決定加入這個市場，情況就不一樣了。因為貝萊德自申請發行 ETF 以來，總共申請了 576 次，其中 575 次都獲准發行，只有 1 次被拒絕，成功率達 99.8％。擁有如此驚人勝率的貝萊德發出了挑戰，使得業界普遍認為比特幣現貨 ETF 勢在必行，問題只在於「何時」發行。

貝萊德多年來都相當注重公司的口碑以及客戶的信賴，因此能夠成為世界最大的投資管理公司。若這一次失敗了，可能會對它累積多年的名聲造成影響。那麼，貝萊德為什麼還要挑戰呢？如果貝萊德想簡單行事，大可以等其他投資管理公司申請成功後再申請發行，畢竟貝萊德的名聲如此響亮，這樣一來會簡單許多。但是貝萊德甘願冒著失敗的風險，也要站出來申請發行比特幣現貨 ETF，我想就是因為它有信心 SEC 會核准發行。

比特幣現貨ETF，操縱風險低！

一直以來，SEC 都拒絕核准數位貨幣資產管理公司灰度（Grayscale）申請將比特幣信託基金轉換為 ETF。不過，就

在 2023 年 8 月，美國華盛頓特區上訴法院下令 SEC 必須重新考慮灰度的申請。前面曾提到過，SEC 聲稱比特幣現貨 ETF 相較於已經發行的比特幣期貨 ETF，價格被操縱的風險高，因此一直拒絕核准發行比特幣現貨 ETF。然而法院的判決指出，比特幣現貨 ETF 與期貨 ETF 在詐欺或價格操縱風險上沒有顯著差異，因此要求 SEC 重新審查。

這次的判決具有重大意義。雖然法院並沒有直接命令 SEC 必須核准發行比特幣現貨 ETF，但這等於是宣告 SEC 數年來拒絕核准比特幣現貨 ETF 的理由不存在。

最終，SEC 放棄上訴。換句話說，這代表它接受了法院的判決，同意其拒絕核准比特幣現貨 ETF 的理由不充分。在這場判決及 SEC 放棄上訴後，加密貨幣業界專家紛紛認為，比特幣現貨 ETF 獲核准的可能性已大幅提高，且多半認為將會在 2024 年 1 至 3 月之間發行。當時，彭博社（Bloomberg）認為比特幣現貨 ETF 於 2024 年 1 月核准的可能性為 90％，投資銀行伯恩斯坦也認為比特幣現貨 ETF 最遲在 2024 年 3 月將會核准發行。

接著在 2024 年 1 月 10 日，美國 SEC 終於核准了灰度、貝萊德、Bitwise、Hashdex 等機構的 11 支比特幣現貨 ETF 上市。比特幣現貨 ETF 的核准，將會扮演引爆這次比特幣超級循環的重要角色。

18

經 SEC 認可的比特幣，彷彿有了翅膀

正式被納入資產類別的比特幣

2024 年 1 月，比特幣現貨 ETF 正式核准。在這之後，應該已經沒有人還認為比特幣會被禁止，就連看壞比特幣的人也不再會提到關於禁止比特幣一事。

透過比特幣現貨 ETF，管理鉅額資產的投資管理公司能夠取得比特幣，企業能夠將比特幣納入資產，個人也能夠將比特幣加入自己的退休年金投資組合當中。大家想想看，在這種趨勢下，有任何辦法能強制阻擋比特幣的擴張嗎？我認為這可能性趨近於零。

2023 年底，比特幣的總市值超過了 8,000 億美元。由於比特幣是以區塊鏈作為底層技術的加密貨幣，無法準確追蹤誰持有多少比特幣，因此在這 8,000 億美元的比特幣中，無從得知美國人或是美國企業持有多少。不過，根據推測，美

國至少持有比特幣總數量的 20％。依照這個推測，在美國約有 2,000 億美元的大筆資金流入了比特幣。且在比特幣現貨 ETF 核准後，這個金額一定會越來越高。美國人或美國企業有可能讓美國的主管機關禁止這項流入了鉅額資金的資產嗎？就現實來說，這是難以想像的。

　　得到美國 SEC 核准的比特幣現貨 ETF，今後將被全球領先的投資管理公司積極交易。即使是不相信比特幣的投資人，也會相信貝萊德與富達投資（Fidelity Investments）。比特幣被承認為正式的資產類別，使比特幣最大的風險可信度問題得到了解決。比特幣被大規模採用指日可待。

Statement on the Approval of Spot Bitcoin Exchange-Traded Products

Chair Gary Gensler

Jan. 10, 2024

Today, the Commission approved the listing and trading of a number of spot bitcoin exchange-traded product (ETP) shares.

I have often said that the Commission acts within the law and how the courts interpret the law. Beginning under Chair Jay Clayton in 2018 and through March 2023, the Commission disapproved more than 20 exchange rule filings for spot bitcoin ETPs. One of those filings, made by Grayscale, contemplated the conversion of the Grayscale Bitcoin Trust into an ETP.

美國SEC主席加里‧詹斯勒（Gary Gensler）宣布核准比特幣現貨ETF。

資料來源：www.sec.gov

19

巨大奇異點：比特幣現貨 ETF 獲准

比特幣不像股票那樣能夠輕鬆交易

比特幣現貨 ETF 核准上市後，會為比特幣的走向帶來什麼變化呢？世界第一的投資管理公司，是預期到了什麼變化，才會站出來申請發行比特幣現貨 ETF 呢？

讓我們暫時回到過去，回想一下各位剛開始投資的時候。當時是從什麼開始投資的呢？雖然每個人的答案都不一樣，但我相信大部分的人都是從國內股票開始，因為只需要少量的金額，就可以輕鬆地開戶進行交易。在比較熟悉投資以後，下一個可以輕鬆進行的是美國股票。

不過在五年前，要交易美國股票還很困難。當時，證券公司往往要求另外下載海外股票專用程式，而且多半沒辦法即時確認市價，也沒有部落客或 YouTuber 教人買賣美國股票。如今，情況完全不一樣了，許多證券公司在原有的國內

股票交易程式中增加了功能，可以直接買賣包含美國在內的海外股票，介紹如何買賣美國股票的文章與影片也增加了很多。不分男女老少，人人都能輕鬆地投資海外股票。

　　然而比特幣呢？比特幣沒有辦法透過我們熟悉的證券公司進行交易，必須另外在加密貨幣交易所開戶，且大部分的加密貨幣交易所必須透過指定的銀行才能出入金。對數位化十分熟悉的年輕世代或許沒問題，但對於父母那一輩來說，光是在加密貨幣交易所開設帳戶的階段，就不是很容易了。

　　不只如此，第一次接觸比特幣的人，最好奇且最有疑慮的問題就是帳戶被駭怎麼辦。偶爾在新聞或是節目中看到某某交易所被駭客入侵，客戶的錢都消失了這種消息，就會開始擔心自己買的比特幣會不會也變成那樣。從法律上來看，目前還沒有針對比特幣的稅務相關明確規範，在很多方面仍具有不確定性。和股票相比，比特幣在投資人的理解程度、可及性、可信度以及規範明確度上仍落後許多，這些缺點導致一般投資人不敢貿然進行投資。

輕鬆購買比特幣

　　在這種情況下，若出現比特幣現貨 ETF 會怎麼樣呢？有許多事情將會改變。

　　首先，人們不再需要使用加密貨幣交易所，可以用證券

公司的程式，像在買 SPDR 標普 500 指數 ETF（SPY）那樣，輕鬆投資比特幣現貨 ETF。即使是不了解比特幣的投資人，也可以輕易地間接持有比特幣，而且也不會有帳戶被駭、不信任加密貨幣交易所的問題。透過投資比特幣現貨 ETF，等於是由大型投資管理公司替投資人管理比特幣，即使帳戶被駭，它也會賠償客戶損失，可以放心投資。

此外，儘管各國法規各不相同，但是透過退休金帳戶投資比特幣正在成為可能。過去，在美國若想以個人的退休帳戶來投資比特幣，就必須透過特定的退休年金基金管理公司，有許多不便之處，但是隨著比特幣現貨 ETF 上市，投資人將能像投資普通股票一樣，輕鬆地透過退休帳戶來投資比特幣。

像這樣，比特幣現貨 ETF 讓許多難以取得比特幣的個人也能輕鬆、快速、安全地投資比特幣。隨著比特幣的知名度與普及率上升，終究會吸引更多資金流入。這將使比特幣價格上漲的可能性進一步提高。

我到目前為止所解釋的內容，只是比特幣現貨 ETF 將帶來的極小部分變化。儘管散戶投資者的參與相當重要，但比特幣現貨 ETF 真正帶來的革命是「大規模採用」，這代表企業與機構投資者也參與進來了。

避免遭受駭客攻擊

現在，我希望各位想像一下三星電子投資比特幣的情況。在韓國，企業買賣比特幣在法律上是沒有問題的，然而銀行不會讓法人開設投資加密貨幣所需要的實名帳戶，所以現實上來說，企業非常難投資加密貨幣，即使可以投資，也存在著許多問題。

假設三星電子買進比特幣，這筆比特幣要存放在哪裡呢？放在交易所很危險，散戶投資人害怕帳戶被駭，企業也一樣。企業的投資金額高，投資的錢並不專屬於企業本身，而是所有股東們，因此會更加注重資安問題。為了確保安全，就必須將比特幣轉移到不會被駭客入侵的加密貨幣錢包，這並不如想像中容易。想要將比特幣存放在安全性高的「硬體錢包」（Hardware Wallet），必須對加密貨幣有一定程度的了解。不過，將企業持有的鉅額比特幣交給普通職員負責轉移作業，很可能會出現貪汙、入金出錯、操作不慎等風險，實務上難以執行。就算順利存於硬體錢包，還有另一個問題：這個硬體錢包要由誰來保管呢？硬體錢包比較像是加密貨幣錢包的「鑰匙」，真正重要的是加密貨幣錢包的密碼，也就是「助記詞」（Mnemonic）。

助記詞為 12 ～ 24 個單字的組合，只要有助記詞，即使遺失了硬體錢包，也能夠購買新的硬體錢包後取回原先硬體

錢包內的資產。因此，擁有助記詞就等於真正掌握了加密貨幣錢包。那麼，要怎麼保管助記詞呢？

■ 硬體錢包中最知名的Ledger公司所推出的加密貨幣錢包

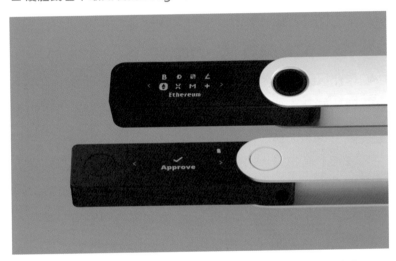

資料來源：www.ledger.com

■ 由12～24個單字所組成的助記詞

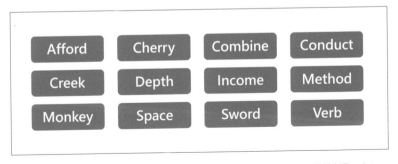

資料來源：vitto.cc

　　若將助記詞儲存在公司的資料庫伺服器，很容易就會成為駭客下手的目標。找一個值得信賴的員工把助記詞背下來？一旦該員工忘記單字組合，企業所擁有的加密貨幣就會完全消失。那乾脆找多位員工一起記？越多人知道助記詞，只會讓貪汙的可能性更高。讓公司裡最值得信賴的人將助記詞寫在紙上並隨身攜帶？請大家想像一下，三星電子的李在鎔會長在口袋裡放著寫有加密貨幣錢包密碼的紙條，他會不會時刻都要擔心紙條被偷？會不會不小心把紙條弄丟了？光是想像都覺得好笑。

　　透過上述說明，相信大家可以理解，即使企業真的購買比特幣，想要將其移轉到安全的地方妥善保管並不簡單。對企業來說，考慮到持有比特幣得承擔的風險與不便，購買的意願當然不高。但是比特幣現貨ETF出現後情況就不一樣了。由於有專業的受託人負責保管比特幣，還有完備的保險體制應付突發狀況，企業將能更放心地投資，購買比特幣的意願自然會大幅提升。目前，當企業有盈餘時，若以現金型態持有，很容易因為通貨膨脹帶來的貨幣價值下跌而形成虧損，因此企業會將部分盈餘拿去投資債券或證券。有了比特幣現貨ETF，企業將能像投資債券或證券那樣投資比特幣，將部分盈餘以比特幣的型態持有。

比特幣現貨ETF是真正的革命

　　這些優點不只是對企業有利，各種金融機構、投資管理公司、避險基金等無數的機構投資人，也同樣有了能夠投資比特幣的機會。如前面所提到的，在比特幣現貨 ETF 還沒出現以前，這些機構投資人與企業一樣，實務上要投資比特幣會面臨許多困難。比特幣現貨 ETF 的出現，讓過去投資比特幣的高牆倒塌了。在過去的傳統金融界，要將資金轉換為比特幣，就像是必須乘車再搭船進入小島，既麻煩又困難，而今天出現的比特幣現貨 ETF，就像是建設了連接陸地（傳統金融）與小島（比特幣）的跨海大橋。透過這座橋，過去想要到比特幣這座島上的眾多傳統金融界資產，終於可以安全且便利地移動了。這意味著華爾街與傳統金融界已將比特幣納入主流金融，比特幣不再只是個人的投機資產，而是機構級的資產類別。這可以說是革命性的改變，甚至可以說比特幣已經超越了奇異點。

20
非投資比特幣不可的原因

無法取代的資產

　　無論是散戶、企業還是機構，投資人到底為什麼要投資比特幣呢？當然，照著迄今以來的方式投資股票與債券也沒問題。不過，比特幣在資產配置中具有無可取代性。

　　首先，我們來談談代表性的投資工具：股票與債券。股票是發行主體明確的「證券」，是將「企業的所有權分割」。以蘋果公司（Apple Inc.）的股票為例，蘋果這家公司的品牌價值、所經營的事業與成果、賺進的金流等，是決定蘋果股票價值的因素。因此，若蘋果的品牌價值下跌、事業前景不佳、金流減少時，股票的價值也會跟著下跌。換句話說，資產的價值完全取決於蘋果這個「發行主體」。

　　債券與股票類似，債券是由國家、地方政府或是企業所發行的「債務憑證」，發行主體需要資金，並與資金供給

者約定未來會連本帶利歸還，因此債券的價值理所當然也取決於「發行主體」。若發行主體破產，資金供給者不只拿不到利息，有可能連本金都無法收回。此外，由國家發行的債券，即使拿到利息與本金也可能虧損，因為債券所支付的「貨幣」價值實際上由國家決定。舉例來說，當你購買了一支年利率 2％ 的債券，然而國家卻開始大量印鈔，使得貨幣價值跌幅超過 2％，這時即使拿到利息仍是虧損，而這種事情常常發生。因此，無論是由國家或企業發行的債券，都具有來自發行主體的風險。當考慮到這項風險時，債券的期望報酬率幾乎是微不足道。

比特幣則不一樣。比特幣是沒有「發行主體」的「大宗商品」（Commodity）。大宗商品的特徵是「沒有主人」。比特幣不像法定貨幣，沒有中央銀行能夠隨意調整貨幣供給量，也不像股票會受企業價值影響，更沒有管理層會增資發行新股，導致現有股票價值下跌。這類因發行主體（主人）而產生的風險，稱為「交易對手風險」（Counterparty Risk），而比特幣不存在這種風險。這一點是很大的優勢與吸引力。

超越傳統資產

相較於其他的大宗商品，比特幣具有明確的特色。舉大宗商品的代表，也是人類歷史上最有價值的商品黃金為例，

黃金是有形資產，而有形資產有它的限制。當我們透過網路買賣黃金，實際上並不是在交易實體黃金，只是得到了黃金的所有權，並由集中保管結算所保管；儘管我們可以提領實體黃金，但必須另外支付包括金條製造、運送、保險等許多相關費用。

從這點也可以看出比特幣無法取代的吸引力。與黃金不同，比特幣從誕生時就是一種數位資產，當我們透過網路買賣比特幣時，能夠即時交易比特幣「現貨」，因此像黃金這種傳統的資產，絕對無法取代比特幣。這也證明了比特幣相較於既有的大宗商品，它具有明確且獨特的地位。

建立比特幣投資組合

比特幣作為一種資產，與迄今為止大部分散戶、企業、機構所建立的投資組合中的傳統資產（債券、股票、大宗商品等）截然不同，想要追求多角化投資組合以及更高報酬率的投資人，有充分的理由將比特幣納入自己的投資組合。

舉例來說，偏好長期被視為「經典配置」的「股6債4」傳統投資組合的投資人，就可以考慮將比特幣加進組合中，使資產分配更多角化並提高報酬率。

這也是因為比特幣具有股票或債券無法取代的特性。若為保守型的投資人，可以將投資組合分配為「股票6債券3

比特幣 1」；積極型的投資人則可將近二十年來持續低迷的債券拿掉，組成「股票 5 比特幣 5」的投資組合。投資大宗商品的投資人也可以透過投資比特幣來強化投資組合。舉例來說，若有過去只投資黃金的投資人，可以考慮將部分資產分配至比特幣，改善投資組合。

黃金長期占據全球資產市值第一名，截至 2024 年 4 月，其市值相當於微軟公司市值的五倍。這表示有鉅額的資金投入了黃金市場。相反地，比特幣的總市值僅為黃金的十五分之一左右。因此，黃金在價格波動性或資產穩定性方面都超越了比特幣。

那麼，從我們投資最重視的報酬率方面來看，情況又是怎麼樣呢？

在報酬率方面，黃金與比特幣的情況完全相反。比特幣在過去十年大約上漲 34,300％，而黃金只上漲 47％。儘管在波動性與穩定性上黃金獲得壓倒性勝利，然而在報酬率上比特幣遠遠勝過黃金。

透過在投資組合中加入同為大宗商品卻有不同特性的資產，將能夠組成兼顧風險與報酬率的強大投資組合。舉例來說，原本只投資黃金的投資人，若在投資組合中加入 10 ～ 20％ 的比特幣，會有什麼結果呢？投資組合中黃金仍占大部分，所以穩定性依舊很高，同時因為加入一定比例的比特幣，可以稍微彌補黃金的致命傷，也就是每年 2 ～ 3％、相

對較低的報酬率。如此一來，我們就建立了「低風險高報
酬」的投資組合。

■ 全球資產市值排行（截至2024年4月底）

Rank	Name	Symbol	Market Cap
1	Gold	GOLD	$15.698 T
2	Microsoft	MSFT	$3.019 T
3	Apple	AAPL	$2.614 T
4	NVIDIA	NVDA	$2.193 T
5	Alphabet (Google)	GOOG	$2.147 T
6	Saudi Aramco	2222.SR	$1.946 T
7	Amazon	AMZN	$1.868 T
8	Silver	SILVER	$1.523 T
9	Bitcoin	BTC	$1.242 T
10	Meta Platforms (Facebook)	META	$1.124 T
11	Berkshire Hathaway	BRK-B	$869.25 B
12	TSMC	TSM	$717.36 B

資料來源：8marketcap.com

■ 過去十年比特幣與主要資產的累積報酬率

```
Last 10 Years
Bitcoin $BTC: +34,302%
NVIDIA $NVDA: +13,361%
Tesla $TSLA: +3,219%
$AMD: +2,505%
Apple $AAPL: +1,340%
Netflix $NFLX: +1,191%
Facebook $META: +1,114%
Microsoft $MSFT: +1,052%
Amazon $AMZN: +798%
Google $GOOGL: +441%
S&P 500 $SPY: +223%
Gold $GLD: +47%
US CPI: +30%
```

資料來源：twitter.com/charliebilello

　　比特幣提供了不同於過去只投資在股票、債券或大宗商品的投資方式。比特幣具有目前任何資產都無法取代的魅力，比特幣本身去中心化（沒有發行主體）資產的特性，有望大幅提升新的投資需求。在比特幣現貨 ETF 尚未出現時，由於比特幣的可及性與便利性不足，散戶與機構投資人都望之卻步，但如今比特幣現貨 ETF 已經核准上市，想把傳統資產中的資金轉移到比特幣的高牆已經倒塌。這也可以說是通往比特幣的高速公路已經開通。

21
現貨 ETF 核准對比特幣價格的影響

資金大規模流入比特幣現貨ETF

　　根據目前的觀察，比特幣現貨 ETF 將使比特幣的需求大幅增加，有望使資金大規模流入比特幣。不過，資金流入規模到底會有多大，又能讓比特幣的價格上升多少呢？

　　觀察比特幣的歷史走勢可以發現，比特幣的價格成長倍數，大約是流入資金的 4 倍，也就是當有 1 美元流入市場，比特幣的價格就會上升 4 美元。因此，若知道比特幣現貨 ETF 核准後，流入市場的資金規模有多大，就可以預測比特幣未來價格會漲多高。根據專家的預測，比特幣現貨 ETF 上市後一年內，ETF 發行公司所管理的資金，最多應該會有 1% 流至比特幣市場。ETF 發行公司所管理的資金大約為 15.6 兆美元，1% 就是 1,560 億美元，若此規模的資金流入市場，比特幣的價格會上升多少呢？如我前面所提到的，比特

幣的價格成長程度大約是流入資金的 4 倍，因此若有 1,560
億美元的資金流入，比特幣的總市值就會增加 6,240 億美
元。接著就讓我們來換算看看，當比特幣總市值增加 6,240
億美元，比特幣的價格會上漲多少。

■ 比特幣總市值 vs. 流入資金

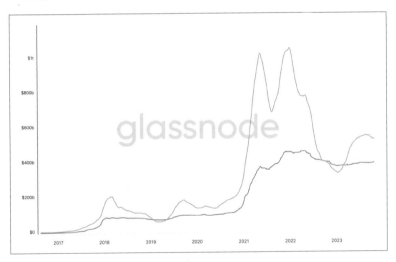

橘黃色線是比特幣的總市值，紅色線是流入的資金。
從圖上可看出，平均來說，總市值增加的幅度大於資金流入量。

資料來源：glassnode.com

截至 2023 年底，比特幣的發行量大約為 1,953 萬枚。
將 6,240 億美元除以 1,953 萬枚，比特幣的價格大約會上漲
32,000 美元。換句話說，當比特幣現貨 ETF 上市後，ETF

發行公司所管理的資金的 1％ 在第一年流入比特幣市場，將會使比特幣價格上漲 32,000 美元。以上這些當然都只是推測，實際上會有多少資金流入、流入的速度有多快，都沒有辦法正確地預測。流入的資金量有可能比預測更多，也可能更少；資金流入的速度可能更快，也可能更慢。此外，相較於流入的資金，價格成長的倍數可能比 4 倍更高，也可能更低。因為有許多的變數存在，不可能做出完全正確的預測。然而，比特幣現貨 ETF 的上市不只是投資人單純的預期心理，而是能帶動實質需求，所以我們可以預期，比特幣現貨 ETF 使比特幣價格上升的可能性相當高。

更巨大的機遇

這裡有一件重大的事實，我們一定要記得。前面我們所計算的一年內上漲 32,000 美元的預測，是只基於流入比特幣現貨 ETF 的資金所算出的值。我們在前面章節所說到的比特幣減半與流動性擴張期，都沒有列入計算，也沒有考慮到隨著價格上升，投資人的預期心理。一般來說，當價格開始上漲，預期價格會繼續上漲的投資人就會急速湧入，造成價格漲破正常水準，也就是一般所說的「泡沫化」。如果開始出現泡沫化，就很難預測價格會上升到什麼程度。泡沫之所以為泡沫，就是因為價格會上漲至超過正常範圍。實際上，在

過去的週期中，價格達到最高點的時期，基本上都是發生泡沫化的時期。供給衝擊、需求衝擊再加上比特幣現貨 ETF 這個催化劑，這次超級循環的頂點，有可能會出現前所未聞的巨大泡沫。若推測成真，價格上升的範圍將會超出想像。我很好奇接下來到底會發生什麼事。

■ 比特幣超級循環

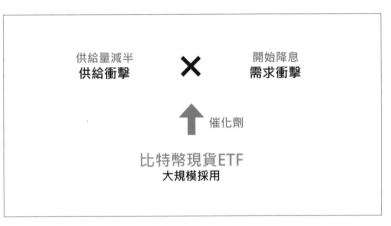

第 6 章

活用比特幣減半週期的投資策略

等到這次的超級循環結束時，每個人所收穫的成果都不相同。一個人的容器有多大，就能收穫多少成果。但是我們不需要現在就感到氣餒，因為我們可以透過超級循環來把自己的容器變大。現在就讓我們來看看能夠充分活用超級循環的投資策略。

　　我希望各位都能在這次的超級循環有個美好的結尾，得到最大的成果，並讓財富容器變得更大。

22
在超級循環中，
比特幣價格會漲到什麼程度？

預測價格

到目前為止，我已經說明了比特幣超級循環的基本概念。由比特幣減半事件帶動的比特幣價格上漲，不是偶然而是必然。這一次，從 2023 年至 2024 年的過渡期，也開始出現了類似的預兆。

現在，各位最想問的大多是這個問題：「這次比特幣的價格會漲多少呢？」

所有人關注的焦點都是這個問題。接下來，讓我們正式開始推論一下，在這次的超級循環中，比特幣的價格究竟會上漲到什麼程度吧。

首先，為了明確地呈現推論過程，我們先複習一下比特幣的價格在過去三次週期中分別上漲了多少（從最低價到最

高價計算）：第一次減半週期漲幅約為 453 倍，第二次減半
週期約為 115 倍，第三次減半週期約為 20.5 倍。

■ 比特幣過去三次週期的價格成長幅度

453倍

115倍

20.5倍

第一次週期

第二次週期

第三次週期

Halving

資料來源：bitcoinstrategyplatform.com

　　從圖中我們可以看出，隨著比特幣的總市值變大，成
長率也下降了。第二次週期（115 倍）的成長倍數約為第一
次週期（453 倍）的 25％，第三次週期（20.5 倍）的成長倍
數約為第二次週期（115 倍）的 18％。因此，我們可以預
測，下一次週期的成長率，平均來說大約會是前一次週期的
20％。

　　接下來，我們再使用另一個指標，以前一個週期的高點
到下一個週期的高點為基準來看看。

　　首先，各週期的高點價格如下（依交易所不同，價格可能有些許不同）。

- 第一次週期 1,134 美元
- 第二次週期 19,891 美元
- 第三次週期 69,048 美元

　　只比較高點的價位時，第二次週期相較於第一次週期，價格約是前一次高點的 17.5 倍，第三次週期相較於第二次週期，價格約是前一次高點的 3.5 倍。如果照這個趨勢，前一次週期高點至下一次週期高點，成長率大約會減少至原來的 20％，那麼第四次週期相較於第三次週期，價格只會是前一次高點的 0.7 倍嗎？我認為並非如此，理由如下。

影響第三次減半價格的利空因素

　　首先，在第三次減半週期，外部因素的影響非常大，而且大部分是對比特幣價格帶來負面影響的利空因素。利空因素如下：

① 發生在中國的比特幣挖礦意外與禁止挖礦

在第三次週期漸入佳境的 2021 年 4 月，中國新疆地區

發生煤礦崩塌意外，原先聚集在此地區的比特幣礦工因為無法用電，導致有 30％ 的挖礦機停擺。這個事件導致比特幣價格停滯不前，因為當時傳聞中國政府將以挖礦必須大量用電為由禁止比特幣挖礦。

同年 5 月，這個傳聞成為現實，中國政府正式禁止挖礦。這造成原先在新疆地區 90％ 的比特幣挖礦場停止營運，原先水漲船高的比特幣漲勢，硬生生踩了煞車。

② 特斯拉停止使用比特幣支付

在這個時候，又爆發了另一個大利空，那就是特斯拉宣布停止採用比特幣。2020 年，特斯拉買進了約 15 億美元的比特幣。當時的特斯拉在美國證券市場上有相當大的影響力，加上特斯拉的執行長伊隆・馬斯克有許多死忠的粉絲，所以特斯拉大量買進比特幣的消息，讓比特幣的前景一片看好。總市值最高的公司開始買進比特幣，讓投資人有期待心理，未來其他大企業也可能會開始買進比特幣。接著，在 2021 年 2 月，特斯拉宣布開放用比特幣支付電動車款項，這也對比特幣造成了很大的影響，因為人們認為特斯拉把比特幣列入支付選項後，蘋果公司或亞馬遜將來也會跟進。但是這個期待最後落空了。根據 2021 年 4 月特斯拉公布的財報，特斯拉賣掉了相當於 2.7 億美元的比特幣。同年 5 月，特斯拉由於比特幣挖礦所造成的環境問題，取消了比特幣支

付選項。特斯拉賣出比特幣與取消支付選項都是很大的利空因素，而且是在短短的一個月內接連發生。

前面提到來自中國的利空因素也發生在 4 月和 5 月，這就好像核彈連續爆發，最終導致比特幣價格暴跌，從 4 月的最高點 64,900 美元跌到 6 月的 28,800 美元，兩個月內下跌了近 56%。來自外部的巨大利空因素，使得比特幣價格承受巨大的下行壓力。

③ 美國為了減緩物價上漲而升息

當時使比特幣價格持續承受壓力的外部因素還有一個，那就是物價。2021 年 1 月，美國的消費者物價指數（CPI）為 1.3%，然而同一年的 12 月，卻上漲至 7%。這是為了拯救 2020 年新冠疫情對經濟的打擊，政府施行的大規模量化寬鬆所帶來的副作用。隨著物價不斷攀升，專家們的意見如出一轍，預期聯準會一定會升息。前面曾經提過，比特幣是對貨幣量非常敏感的資產。因此，一整年不斷出現的升息警告，理所當然會使比特幣的價格面臨龐大的下行壓力。

除此之外還有幾個對外變數，但主要是中國禁止挖礦、特斯拉取消比特幣支付選項以及預期美國升息的恐慌，使得比特幣的價格受到嚴重壓迫，形成異常的價格型態。

接下來，我們來看看下一頁的圖。首先，我們可以看到第一次與第二次週期都是價格先往最高點快速地上漲，觸頂

後開始下跌的「單峰」型態。就像過去發生的鬱金香狂熱，是典型的市場過熱型態（第一次週期中，左側有出現些微的起伏，但相較於頂點，價格差距達到 5 倍，因此仍須視為單峰型態）。不過，第三次週期的型態與前兩次明顯不同。2021 年 4 月與 11 月，相差約 7 個月，出現兩個明顯起伏，呈現「雙峰」型態。兩個頂點的價格差距僅 6％，任誰看來都是明確的「雙峰」而非「單峰」。這代表什麼呢？

■ 第一次與第二次週期的單峰 vs. 第三次週期的雙峰

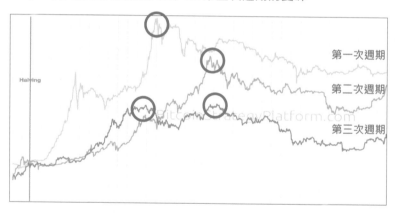

資料來源：bitcoinstrategyplatform.com

　　這意味著若沒有外部的巨大利空因素，價格沒有因為人為因素而下跌，那麼比特幣第三次週期的價格，應該會在達到第一次的頂點附近再上漲一陣子，接著會與前兩次的週期一樣開始下跌，呈現「泡沫化模型」的價格走勢，然後結束

該週期。換句話說，第三次週期很有可能是由於巨大的外部
利空因素，使得比特幣價格沒有漲到原本該漲的高點。因
此，第三次週期約 20.5 倍的漲幅，算得上是比特幣在沒有完
全發揮上升潛力的狀況下出現的成長率。

■ 海曼 · 明斯基的泡沫化模型

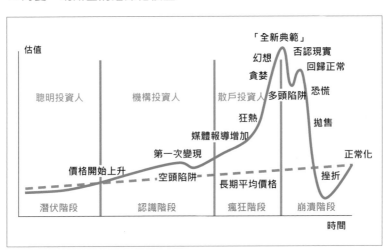

上圖為海曼 · 明斯基知名的「泡沫化模型」，呈現出資產價格從早期的上
升階段到資產過熱的泡沫崩潰階段的價格走勢，比特幣第一次及第二次減
半的價格走勢與這張圖高度相似。然而第三次的減半，卻形成了有兩個頂
點的雙峰型態，與第一次及第二次減半有所差異。這代表第一次觸頂時所
發生的巨大利空因素（中國＋特斯拉＋物價上漲）使得價格沒有漲到原本
將到達的高度，因人為的力量而下跌。這就像是堆的尖尖高高的沙堡，被
用力一推後往旁邊倒塌的模樣。

資料來源：transportgeography.org

　　那麼，在第三次週期中，比特幣的價格應該要漲到多少才算正常呢？雖然是已經過去的事情，多說也無法改變，但我們仍然可以做個推測。最合理的方法就是將現有的週期型態，帶入第三次週期。

■ 第一次與第二次週期 vs. 第三次週期的型態比較

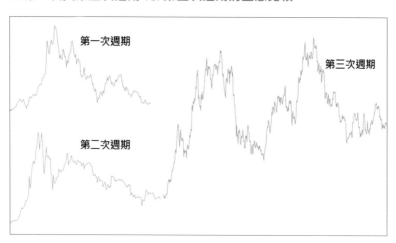

第三次週期應該要像前兩次的週期一樣形成泡沫化模型才是正常情況。

資料來源：glassnode.com

23
比特幣價格預測模型

可靠的價格預測模型

使用現有週期的型態來預測未來週期最可信的方法是什麼呢？我們常使用「指數增長」，這是 Y 軸的上升幅度會隨著時間變大的模型。相反地，也有「對數增長」，則是隨著時間上升幅度變小的模型。

下一頁的圖中左邊的圖表模型是指數增長，右邊的圖表模型則是對數增長。比特幣的情況比較符合哪一種呢？所有的資產，在初期風險高，所以價格也快速上漲，但隨著時間發展，價格上升幅度就會縮小。因此，比特幣的情況屬於右邊的對數增長模型。

在使用比特幣的對數增長型態來推測價格的模型中，有一個模型稱為「彩虹圖表」。彩虹圖表最初是在 2014 年由比特幣社群所創造的，此後又經過許多人改良。該圖表使用

對數回歸函數，將現有的價格型態計算出來後，標示出未來
可能的價格範圍。當然，過去的價格型態不能百分之百保證
與未來相同，所以這個圖表也不是可以無條件信賴的，一切
都只是用來推測。不過，至少這個圖表能夠很正確地分析過
去的型態。

■ 比特幣的情況符合對數增長模型

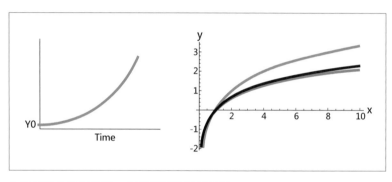

左邊是指數增長模型，右邊是對數增長模型。

資料來源：graphpad.com

讀懂彩虹圖表

接下來，讓我們來學習如何讀懂彩虹圖表。彩虹圖表
就如同它的名字，將比特幣價格走勢的各個區間以七彩來標
示。解讀的方法如下。

■ 比特幣價格彩虹圖表

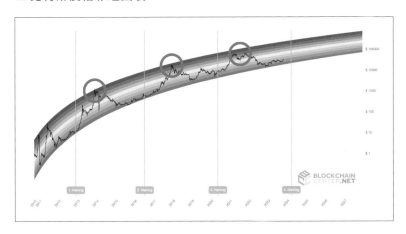

資料來源：blockchaincenter.net

- 藍色：**價格嚴重低估，適合買進。一般是這個週期的價格底部。**
- 綠色：**價格脫離底部，預期會持續上漲的區間。是價格開始反轉向上的時期。當價格在藍色區間時沒有出手的投資人，適合在這時候進場。**
- 黃色：**價格開始明確上漲的牛市初期。性急的投資人會在這個時候獲利了結，但老練的投資人則會先觀察走勢是否會持續上升，選擇繼續持有。**
- 橘色：**正式進入牛市，慎重的投資人會在這階段部分獲利了結。價格上升使得大量新投資人急速增加，價格暴漲。**

- 紅色：**價格達到頂點，泡沫即將破裂，也是各週期的頂點。這也是投資冤大頭們像飛蛾撲火般湧入的階段。老練的投資人會在這個階段賣出，離開市場。**

　　根據彩虹圖表，過去第一次、第二次減半時，價格都達到了頂點所在的紅色領域頂端，也就是價格都達到了泡沫的頂端。然而，在第三次減半時，別說是頂端了，連紅色領域都沒有達到價格就停止上漲了。這是因為外部利空因素使上升趨勢被打斷，形成了「雙峰」型態。若沒有出現「雙峰」型態，而是像先前的週期一樣，上漲至頂點的話，價格會漲到多少呢？

　　以彩虹圖表為根據來推論，第三次週期原本的頂點紅色領域，應該會落在 10 萬美元～ 12 萬美元（雖然只是推測）。換句話說，比特幣的價格原本應該會漲到 11 萬美元。若沒有外部利空因素，比特幣漲至 11 萬美元，那成長率是多少呢？若以觸底價格為基準，則成長幅度會從 20.5 倍變成 33 倍，以前高點價格為基準時，會從前一次高點的 3.5 倍變成 5.5 倍。不論是以哪一個價格為基準來計算，都是原先成長率的約 1.6 倍。這意味著第三次週期中，價格上漲幅度大幅減少，是來自外部的壓力所造成，使得比特幣的價格未能漲到原先該漲到的價位。

第四次週期不一樣

　　然而，已經到來的第四次週期不一樣。供給衝擊加上需求衝擊，再加上機構與投資組合等大規模採用，將會形成超級循環。換句話說，將在 2024 至 2025 年到來的超級循環，比特幣價格將會達到最上端的紅色階段。那樣的話，價格會上漲至多少呢？要解答這個問題，我們得先觀察這次的超級循環會持續到什麼時候。

24
每一次的比特幣週期大概持續多久？

迎接新一次減半大約要47個月

　　為了推測比特幣週期的進展過程與時長，我們先來看看過去週期的型態。首先，四年相當於 1,460 天。那麼，在經歷過一次減半之後，大概要過多久時間，才會迎來下一次的減半呢？

・第二次減半：第一次減半後過了 1,320 天
・第三次減半：第二次減半後過了 1,403 天
・第四次減半：第三次減半後過了 1,441 天

　　隨著總市值增加，挖礦變得越來越難，每一次週期通常會越來越長，但整體來說，減半發生的時間點會比四年快一點。

　　另外，與減半週期一樣重要的還有價格的週期。排除因總市值太小，週期特別短的第一次週期，我們以第二次和第三次週期為基準來看。

■ 各週期時長

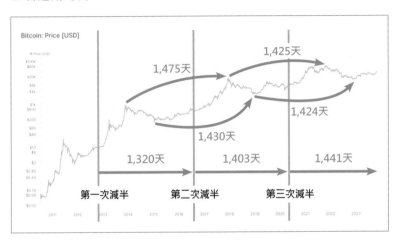

資料來源：glassnode.com

　　・ 從前一次週期的觸底價格至下一次週期的觸底價格，
　　　平均需要 1,427 天
　　・ 從前一次週期的觸頂價格至下一次週期的觸頂價格，
　　　平均需要 1,450 天

　　不管是以觸底或觸頂價格為基準，雖然有些許不同，但每一次週期都是比四年（1,460 天）要快一點。而且，不論

是以哪一個時間點為基準，都沒有太大的差異，大約就是在四年前後一個月左右，所以我們可以將週期的時長視為 47 ～ 48 個月。

沒有人能夠正確預測下一次週期的價格，這是理所當然的。若是能知道價格何時觸底、何時觸頂，那就不是普通人了，但是我們可以利用過去的週期型態來做出合理的推論。

排除資產規模過小的第一次週期，以第二次至第四次週期所計算出的數據如下：

· 平均週期時長：約 1,422 天
· 前一週期高點至下一週期高點平均時長：約 1,450 天
· 前一週期低點至下一週期低點平均時長：約 1,427 天
· 以上三個平均：1,433 天

雖然這只是以平均數做出的推論，但基本上以四年少一個月的 47 個月當作一次週期的所需天數，我認為是沒有問題的。若目前價格在底部，從前一次週期的最低價後經過約 47 個月，就會是下一次的價格底部；若價格在頂部，那從前一次週期的最高價後經過約 47 個月，就會是下一次的價格頂部（再次強調，這只是推論）。

接下來，讓我們看看在以這個天數為基礎情況下，前面幾次的週期中，適合買進的時機分別在什麼時候。

25

比特幣，不論何時買進都可以嗎？

（減半前 Pre-halving）

買進時機與報酬率

首先，我們以減半為基準，觀察若在減半前開始買進比特幣，不同的買進時間點會對報酬率有什麼影響。在這裡我們一樣先排除價格波動過大的第一次減半（順道一提，減半前的時期英文中會稱為 Pre-halving）。

第二次減半前（累積報酬率）
- 階段 1：減半 2 年前開始買進至減半：**+5.6%**
- 階段 2：減半 1 年 6 個月前開始買進至減半：**+123%**
- 階段 3：減半 1 年前開始買進至減半：**+143%**
- 階段 4：減半 6 個月前開始買進至減半：**+46%**

第三次減半前（累積報酬率）

- 階段 1：減半 2 年前開始買進至減半：**+1.6%**
- 階段 2：減半 1 年 6 個月前開始買進至減半：**+34%**
- 階段 3：減半 1 年前開始買進至減半：**+19%**
- 階段 4：減半 6 個月前開始買進至減半：**-1.8%**

　　從第二次與第三次減半的情況來看，雖然從兩年前開始陸續買進不會虧損，但是從兩年前開始買進的成效並不是太好，和持有的時間相比，報酬率太低了。從這些數據來看，在減半的兩年前買進為時過早。

　　那什麼時候開始買進成效最好呢？在第二次與第三次週期中，都是減半的一年六個月前至減半的一年前開始買進報酬最佳。實際上各週期的價格底部，也多半出現在減半的一年六個月至一年前。另外，減半六個月前開始買進的累積報酬率也不太好，甚至在第三次週期中，若在減半六個月前開始買進，甚至還會虧損（這是因為第三次週期在減半的一年前價格波動非常大）。總之，在減半的一年六個月前開始買進的話，不論何時買進，幾乎都不會虧損。懂得活用週期循環的投資人，就會把這段時期看成「儲蓄期」，趁價格便宜時買進。此外，若考慮到各個週期的驚人漲幅（第二次週期 115 倍，第三次週期 20.5 倍），也可以看出在減半前出現暴漲的可能性並不高。

　　總結來說，從減半前一年六個月開始至減半發生為止，慘賠或賺大錢的可能性都不大，是只要有閒錢就可以買進比特幣的儲蓄期。我們不該忽視減半前這段期間，因為此時大多包含了各週期中價格觸底的時期，若能盡可能地累積比特幣，未來就更有可能開心迎接價格上漲。

26
比特幣，不論何時買進都可以嗎？
（減半後 After Halving）

減半前 vs. 減半後

　　俗話說，足球比賽下半場才真正開始，比特幣週期也是減半後才真正開始。如同我們前面提過的「泡沫模型」，價格並不會呈現線性增長，而是剛開始先緩緩上升，到某個時間點有了動能，接著聽到消息而來的投機分子湧入，市場陷入狂熱，迎來泡沫的最高點。減半前的緩緩上升時期，這時還沒有什麼上漲動能，也沒有什麼消息，只有少數敏銳的投資人知道這一點。如果你是在第四次減半前看到這本書的話，我希望你會很開心。因為你很幸運能夠成為少數人。在過了這個時期迎來減半後，就進入週期的下半場了。減半後的價格走勢在不同階段又會有什麼變化呢？

第二次減半後（累積報酬率）

· **階段 1**：減半至減半後 6 個月：**+37%**

· **階段 2**：減半至減半後 1 年：**+281%**

· **階段 3**：減半至減半後 1 年 6 個月：**+2,094%**

· **階段 4**：減半至減半後 2 年：**+927%**

第三次減半後（累積報酬率）

· **階段 1**：減半至減半後 6 個月：**+82%**

· **階段 2**：減半至減半後 1 年：**+560%**

· **階段 3**：減半至減半後 1 年 6 個月：**+654%**

· **階段 4**：減半至減半後 2 年：**+351%**

　　第二次減半與第三次減半都出現了同樣的結果，減半後六個月，價格雖然上漲，卻還不到相當驚人的漲幅，換句話說，價格還沒有達到泡沫的水準，不過以持有的時長來看，報酬率並不差。與第二次減半和第三次減半六個月前的平均報酬率相比（22%），減半後六個月的平均報酬率達到 60%，算是很不錯（六個月可以有 60% 的報酬率，已經是相當厲害的投資了）。

　　比起減半前，減半後的上漲速度確實開始變快，而在減半的六個月後上漲速度會更快。在第二次減半時，階段 2 的累積報酬率是階段 1 的 7.6 倍，在第三次減半時，階段 2 的

累積報酬率是階段 1 的 6.8 倍。第二次與第三次週期的階段 1 平均累積報酬率為 60％，階段 2 平均累積報酬率則為 421％。對於累積報酬率突然大幅增加，我們可以解讀為減半的六個月後，價格才算是正式開始上漲。這段時期，就是開始颳起狂風的時期，而這陣狂風會在減半的一年後達到頂點。

接下來，在第二次週期，減半後階段 3 的累積報酬率超過 2,000％，從減半開始，價格漲了超過 20 倍。而在第三次週期，減半後階段 3 的累積報酬率也比階段 2 的累積報酬率更高。在第二次與第三次週期中，比特幣價格都是在階段 3，也就是減半後一年至一年六個月達到該週期的最高點。所以說，這陣狂風的頂點就是落在階段 3。

那麼，若在階段 3 過後，也就是減半一年六個月後還持有比特幣，情況會如何呢？從過往的週期數據可以看到，累積報酬率都是下降的，這是價格觸頂轉跌的時期。因此，若到了階段 4 才將比特幣賣出，就是太晚賣了。

BITCOIN SUPER CYCLE

第 7 章

錯過會後悔的
第四次減半投資策略

兩年後……

將有許多人憑藉著超級循環獲得巨大的報酬。

「我現在說這句話是為了讓你相信，在未來這件事真的
發生時，你知道這不是偶然，而是注定要發生的。」

若你很幸運發現了這本書，代表現在還不遲。希望你能
參考接下來的實用投資策略，最終獲取巨大的投資報酬。你
願意一起加入這個令人熱血沸騰的計畫嗎？

27
第四次減半週期，要在何時買進，何時賣出呢？

觀察第四次減半週期的各個階段

在前面的章節，我們已經藉由觀察過去各時期的數據，分析了比特幣在整個減半週期中適合買進與賣出的時機。那麼，現在大家最想知道的，大概都是在已經到來的第四次減半週期中，到底應該在何時買進，又應該在何時賣出呢？（當然，各位也可以選擇不賣出，不過在這裡假設會賣出）。首先，讓我們把第四次週期分成減半前與減半後，接著再列出各個階段。

減半前與減半後的各個階段，請參考下一頁的彩虹圖表。接下來，讓我們來仔細看看每個階段。

■ 第四次週期的預估時間點

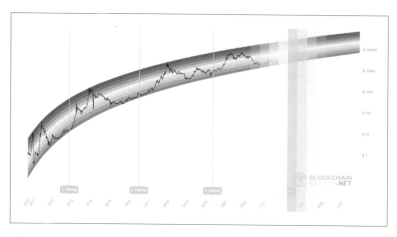

黃色為第四次減半前，綠色為第四次減半後。

資料來源：blockchaincenter.net

第四次減半前

- 階段 1：2022 年 4 月～ 2022 年 10 月
- 階段 2：2022 年 10 月～ 2023 年 4 月
- 階段 3：2023 年 4 月～ 2023 年 10 月
- 階段 4：2023 年 10 月～ 2024 年 4 月

我們前面已經觀察到，階段 1 買進太早，而在階段 2 ～ 4 的任何時間點買進，報酬率沒有太大的差別，且報酬率也不怎麼高。第二次減半時，階段 2 ～ 4 的平均報酬率為 104％，第三次減半時則為 17％，第二次與第三次減半前階

段 2 ～ 4 的平均報酬率為 61％。因此在這個時期，不論何時開始買進直到減半發生，大多都可以獲利，而且差異不大。換句話說，在第四次減半即將到來的 2024 年 4 月前，可以安心地買進。

　　問題在於減半過後，減半後是價格開始正式上漲的時期，我們不能像減半前那樣，在任何時間隨意買進，而是必須仔細地思考何時買、何時賣。首先，我們先依第四次減半後的各個階段來看。

第四次減半後

・階段 1：2024 年 4 月～ 2024 年 10 月
・階段 2：2024 年 10 月～ 2025 年 4 月
・階段 3：2025 年 4 月～ 2025 年 10 月
・階段 4：2025 年 10 月～ 2026 年 4 月

　　我們先從減半後的階段 1 來看，第二次減半時，階段 1 價格上漲了 37％，第三次減半時，階段 1 價格上漲了 82％。減半後六個月是價格開始正式上漲的時期，然而價格成長率並不算非常高。階段 1 像是機器剛發動，價格還未達到飛漲的時期。這只要觀察下一個階段，也就是減半後六個月至一年的階段 2，就可以很明確地知道了。

- 第二次減半後階段 2 累積報酬率：+281%
- 第三次減半後階段 2 累積報酬率：+560%

真正的牛市從減半六個月之後開始

比特幣價格正式開始上漲的時期，通常會出現在減半後的階段 2，也就是減半六個月之後。從這時候開始就是真正的牛市。因此，我們應該盡可能在這個階段之前，買到自己的目標數量。

那麼第四次減半會在什麼時候發生呢？第四次減半已經在 2024 年 4 月 20 日發生，因此 2024 年 4 月至 10 月底會是減半後的階段 1。最好在這個階段結束前買進。這句話的意思是，在 2024 年 10 月底之前，如果有錢可以多買。即使我這麼說，在這個時期，許多的散戶投資人可能也不會多買，因為這時是價格正式開始上漲的時期，沒有比特幣的投資人害怕進場，持有比特幣的投資人則會因為價格已經比先前購買時高出許多而不敢貿然買進。

即使如此，根據過去的歷史，我還是建議大家在這個時期多買。當然，過去的紀錄並無法百分之百保證未來的走勢，這一切都只是基於過去數據的分析與推測。然而，比特幣的週期型態驚人地相似且重複出現，所以在下一個週期也很可能會出現類似的情形。基於這一點，減半後的階段 1（減

半後六個月）結束前，可以鼓起勇氣買進。

那在 2024 年 11 月以後，也就是進入階段 2 以後要怎麼操作呢？這個階段其實根據過去的紀錄，仍是適合買進的時期。第二次減半中，在階段 3 的累積報酬率達到 2,094％，價格暴漲的程度遠遠高於階段 2。第三次減半中，階段 3 的累積報酬率達到 654％，也是遠高於階段 2。所以，若抓準了賣出時機，即使在階段 2 買進也不會虧損。

但是，想要不虧損的前提是要抓準賣出時機，若沒有抓準時機可能就會虧損。尤其在第三次減半，由於價格高點出現兩次，呈現「雙峰」型態，更難抓準賣出時機。因此，在階段 2（2024 年 10 月～ 2025 年 4 月）買進需要更加小心。在這個階段，與其持續買進，更重要的是持有。可能有人會問，為什麼不能賣出，而是要持有呢？原因在於接下來就是階段 3 了。

- **第二次減半後階段 3 累積報酬率：+2,094％**
- **第三次減半後階段 3 累積報酬率：+654％**

在減半後的階段 3，正是各個週期的價格觸頂時期。這個階段的累積報酬率是最好的。尤其是第二次減半，在階段 2 賣出與在階段 3 賣出的報酬率差距可達到接近 10 倍。第三次減半，情況也一樣，若在階段 2 剛開始時賣出，與階

■ 第三次週期的高點區間

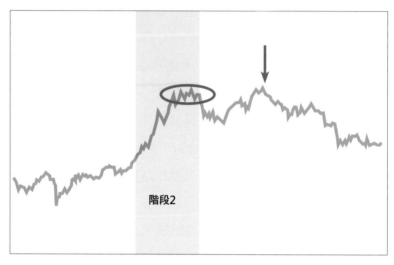

階段2

在階段2的高點區間，也就是圖中紅色橢圓形附近買進的投資人，若不能
在階段3的高點區間，也就是箭頭所指的地方賣出的話，就會虧損。

段 3 高點時賣出的報酬率差距，可達到接近 6 倍。這代表在
階段 2 不能夠隨便賣出，相差幾個月報酬率就可能有數倍甚
至數十倍的差距。同時，這也代表階段 3 就是最適合賣出的
時期。各週期的頂點都出現在這個時期，且累積報酬率也最
高。等到了階段 4，價格就開始下跌了，因此階段 3 是最適
合賣出的時期，第四次減半的階段 3 是 2025 年 4 月～ 2025
年 10 月。

最後，簡單總結如下：

- ～ **2024 年 4 月：無論何時買進都是好時機**
- ～ **2024 年 10 月：仍然是買進的好時機**
- ～ **2025 年 4 月：持有比買進更好的時機**
- ～ **2025 年 10 月：賣出的好時機**

28
那該怎麼買，又該怎麼賣呢？

該怎麼買呢？

　　我們現在知道買與賣的時機了，但還有其他的問題，那就是該怎麼買，又該怎麼賣呢？直到 2024 年 10 月為止都可以持續買進，那是要一次買足嗎？2025 年以後適合賣出，具體又該何時賣呢？我想大家一定很好奇具體的時間點以及方法。

　　首先，直到第四次減半開始的 2024 年 4 月為止，不論何時買進都不太可能虧損，且報酬率的差距也不會太大，所以在這個時期，適合積極買進。但這並不代表何時買進都好。因為在這個時期，價格一樣會有波動，當然也有適合跟不適合買進的時機。然而，我們並沒有辦法預測短期內比特幣的價格會如何變化。以整體週期來看，我們可以從各階段來預測價格走勢，但我們沒辦法知道當下這一、兩個月的價

格變化。那該怎麼做呢？最好的買進方法，就是分批買進。再說得詳細一點，就是「定期定額」（Dollar Cost Averaging，簡稱 DCA），照字面意思，就是每天投入相同金額來分批買進。

　　舉例來說，我有 3,000 萬元的資金想在 3 個月內投入市場買進比特幣，所以每個月大約投入 1,000 萬元就可以了。接著再把這個數字除以 30，等於每天投入 33 萬元買進即可。不論漲跌，每天投入固定金額購買，這就是定期定額法。

　　為什麼要這麼做呢？因為我們沒辦法預測短期內的價格變化。如果可以確定價格會從今天開始上漲，那當然是在今天把所有的財產都投入最好，但如果在買進之後價格就開始下跌呢？相反地，如果可以確定價格會從今天開始下跌，那就可以先不買，等到價格跌到谷底時再一次大量買進，但如果在我還沒有買的時候價格一直上漲呢？不論是前後哪一種狀況，都是我們最不想看到的結果。你有辦法知道價格從今天開始會漲還是跌嗎？若你能知道短期內的價格走勢就可以這麼做。不過我相信大多數人應該都沒有這個能力，所以必須每天定期定額分批買進，才能將風險降到最低。像這樣子盡可能把風險平均分配，稱作「風險正常化」（Risk Normalization）。

　　接著我們來看看下一頁的表格。

■ 定期定額買進比特幣時的累積報酬率（至2023年10月為止）

開始買進時間	累積報酬率
2016年	1,183.8%
2017年	410.8%
2018年	199.8%
2019年	155.6%
2020年	77.7%
2021年	16.4%
2022年	37.5%
2023年	33.5%

　　上表列出了從各個時間點開始買進至 2023 年 10 月為止，每天投入定額買進時的累積報酬率。眾所皆知，比特幣是個波動性極大的資產，即便如此，不論在哪個時間點開始買進都沒有虧損。就連在 2021 年，當時比特幣的平均價格幾乎是 2023 年價格的 2 倍，就算從那時候開始買進一樣能獲利。這意味著長期分批買進基本上不會虧損。只要把時間拉長，就能夠減少短期波動帶來的衝擊，將風險正常化。定期定額，正是最適合無法預測未來價格的普通投資人的買進方法。

該買到什麼時候呢？

接下來，大家可能又有另一個疑問，到底要花多長的時間來分批買進呢？關於這個問題，只要再看一次前面提過的數據就可以找到答案了。

- ～ **2024 年 4 月：無論何時買進都是好時機**
- ～ **2024 年 10 月：仍然是買進的好時機**
- ～ **2025 年 4 月：持有比買進更好的時機**
- ～ **2025 年 10 月：賣出的好時機**

直到減半六個月後的 2024 年 10 月為止都是適合買進的時期，因此可以持續分批買進直到 2024 年 10 月。若是積極型的投資人，最適合買進的時期是到 2024 年 4 月為止，然而這樣一來，買進的期間可能會太短。當買進的期間太短時，就失去了「分批買進」的優點了。因此，除了積極型的投資人，只要在 2024 年 10 月前分批買進就可以了。若是在 2024 年 3 月看到這本書，那到 10 月底還有 7 ～ 8 個月，若在 6 月看到，則還有 4 ～ 5 個月可以分批買進。

29
減半後，價格逐漸往頂點爬升

依喜好而不同的投資時機

讓我們來看看以下的累積報酬率：

· 第二次減半後階段 2 累積報酬率：+281%
· 第三次減半後階段 2 累積報酬率：+560%

在減半約六個月後，比特幣週期開始漸入佳境，正式進入牛市。那從這個時候開始，要用什麼方式來投資比特幣呢？我們可以分成三種型態來看。

· 短期投資人：正式進入牛市的時期，計畫在短期內進場並脫身，迅速獲利了結。
· 中期投資人：注意買進時機，瞄準價格修正的時機。

‧ **長期投資人：盡可能不負債，只用自己現有的資金買
進，準備處理透過槓桿投資累積的獲利。**

在減半六個月後開始的階段 2，價格會急速上漲，因此
對於短期投資人來說，反而是更適合的。此時的波動大，所
以有可能迅速獲利了結，且投資機會也多。

若要在這個時期投資，將投入時間範圍抓得小一點會比
較有利。若是將投入時間範圍抓在六個月至一年的中期投資
人，想在這個階段買進，則必須注意時機。在這個階段，並
不是隨時買都能有好報酬。若買進時機抓得好，就能在短時
間內有巨大的報酬，所以買進時機很重要。

中期投資人在這個階段，比起價格可能會上漲的時機，
選擇價格修正的時機更有利。在下一頁的圖中箭頭所指的部
分，就是在第三次週期時價格修正 20％～ 30％的時機。若
看準此時買進，就能在很短的時間內（1 個月內）獲取 20％
以上的報酬。若在第一個箭頭所指的修正區間買進，只要經
過約 3 個月，就能有 2 倍以上的獲利。

在階段 2，以短期或中期的投入時間範圍來進行投資，
仍是適合買進的時期。

■ 第三次週期減半後階段2的買進時機

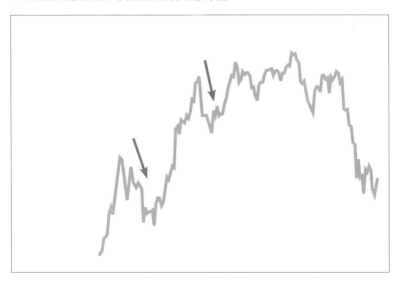

　　相反地，若為投入時間範圍達數年的長期投資人，則不需要在此階段積極買進，因為當牛市結束，熊市來臨時，價格可能會比這時期更低。在第三次週期中，階段 2 的最低價格約為 15,700 美元，最高價格則約為 63,000 美元，但在過兩年後的 2022 年，最低價格回到 15,800 美元附近，幾乎與兩年前的階段 2 最低價格相同。考慮到這點，投入時間範圍長的長期投資人，不需要在這個時期非常積極地買進，尤其應避免借貸買進。

30
減半一年後，價格逐漸達到最高點時

當達到週期頂點時，要做什麼？

當減半一年後開始進入階段 3，離週期頂點就不遠了。
在過去的週期中，價格總是在這個階段到達最高點，接著開
始超過一年的下跌趨勢。因此，若為短、中期投資人，就必
須考慮在這個階段賣出。此外，即使是長期投資人，在這個
階段也應該避免借貸投資。那麼最適合賣出的時機是什麼時
候呢？

若仔細觀察前幾次週期價格達到最高點所花的時間，我
們會發現一個驚人的共通點。在第二次與第三次週期，都是
在減半後的 17 ～ 18 個月，也就是大約一年六個月後達到最
高點（第一次週期則是在減半 13 個月後達到最高點）。

■ 第二次與第三次週期時，從減半開始至價格達到最高點所需時間

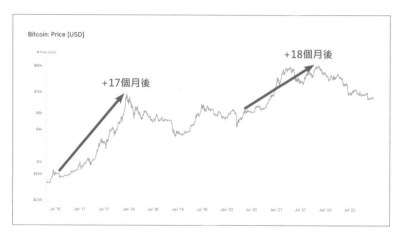

資料來源：glassnode.com

　　這可能是偶然，也可能是必然。但是若從比特幣週期的循環機制來看，這絕對不是偶然。假設這一次也會是相似的情況，那第四次減半的最高點會落在何時呢？第四次減半已經在 2024 年 4 月底發生，這個時間點再加上 17 ～ 18 個月的話，就是 2025 年 9 月底至 10 月底，在這段時間內價格達到高點的可能性相當高。不過這一切都只是推測，盲目地做出決定是很危險的。我們必須建立一個更合理且更安全的逃跑計畫。

分批賣出永遠是對的

從第三次週期的情況，我們可以知道，比特幣的價格也會受到外部因素的影響。而且，其他注意到過去情況的投資人也可能會提早開始賣出。當考慮到各種風險時，等到價格到達最高點再一次賣掉的想法是非常危險的，很有可能等著等著就錯過了時機。那麼，用什麼方式來賣出才是最安全且有效率的呢？與買進時一樣，最好的方法就是分批賣出。一開始進入市場時，透過分批買進來使風險正常化，那要離開市場時，一樣透過分批賣出來降低風險就可以了。

最安全的方法，就是在整個階段 3 的期間分批賣出，也就是在減半一年後開始，六個月的時間每天賣出相同的量。但這不會是報酬最高的方法。階段 3 越到後期，也就是越接近減半一年六個月後，價格就會越高，達到最高點的機率也最高。因此，在剛進入階段 3 就開始賣出，在報酬上有可能會有所虧損。如果你是比較積極型的投資人，可以考慮調整一下賣出時機。舉例來說，在階段 3 的前三個月繼續持有，在價格觸頂可能性高的後三個月分批賣出。不過，若是週期高點提早出現，這個方法就反而可能造成虧損。

所以我們可以考慮折衷的方案，依不同比例分批賣出。所謂的依不同比例分批賣出，是在價格可能會繼續上漲的階段 3 前期只分批賣出一點，價格可能到達最高點的階段 3 後

期分批賣出較多的方法。舉例來說，可以這樣子分配，將階段 3 的六個月依這樣的比例賣出。

- 第 1～第 2 個月：賣出 20%
- 第 3～第 4 個月：賣出 30%
- 第 5～第 6 個月：賣出 50%

　　若用上面舉例的方法，從階段 3 的前期就開始分批賣出，這樣即使週期比預期來得早結束，因為提早開始賣出，至少能保有一定的報酬率。若週期如同預期在減半 17 ～ 18 個月後結束，因為分配在後期賣出的比例較高，報酬率也不會太差。從階段 3 的前期開始賣出，越到後期越增加賣出的量，就能兼顧安全性與報酬，將是最佳的折衷方案。

31
不可能有完美的預測

2024年是一個明確的機會

到目前為止，我們已經仔細解讀了比特幣週期的開始至結束、各階段的特性，也說明了何時該賣、何時該買，剩下的最後一個問題，是在這次的「超級循環」中，比特幣的價格到底會漲到多少？其實沒有任何人可以回答這個問題。除了神以外，沒有人有辦法預測一至兩年後的價格。雖然我們沒辦法完美預測未來價格會漲到多少，但我們可以利用過往的數據稍微預測未來可能的漲幅。

首先，前面已經提過，第四次週期中，比特幣價格最可能觸頂的時間點，會落在 2025 年 9 月～ 10 月。那在這個時候，價格會漲到多少呢？雖然這個問題沒有正確答案，但為了用過去的數據來推測，我們再來看看前面一起看過的彩虹圖表。

■ 以彩虹圖表來推測2025年9月～10月底的比特幣價格

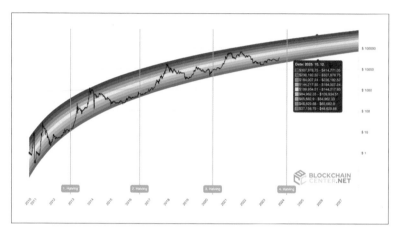

資料來源：blockchaincenter.net

　　2025 年 9 月底～ 10 月底這段期間約略中間點的預估價格如下：

- 紅色：**307,979 ～ 414,771 美元**
- 淺紅色：**236,193 ～ 307,979 美元**
- 橘黃色：**184,007 ～ 236,193 美元**

　　第三次減半時，比特幣價格未能達到紅色區域就停下來了。原因我在前面的章節已經解釋過，是強力的外部因素導致在週期中價格大幅下跌。但是第四次週期預估會是超級循環，價格應該能到達紅色區域。若價格到達紅色區域，則價

格會上漲至 30 萬美元～ 40 萬美元之間。保守一點估計，價格到達淺紅色與紅色區域之間的話，那就可能會上漲至這兩個區域的平均價格，大約是 32.5 萬美元。

　　我要再次強調，這些都只是推測，並不是確定的價格，而是根據過去的數據來計算時，我認為價格「極有可能」上漲到這個水準。若未來價格真的能夠漲到這個水準，那直到 2024 年為止，買進比特幣的投資人，不論是從何時開始買進，應該都可以期待在短期內獲得高報酬率。

32
超級循環結束以後呢？

應該全部賣掉嗎？

我們已經在前面的章節中知道了超級循環的預估時間點以及賣出方法，但還有一個重要的問題要思考，那就是週期結束時，是否要將比特幣全部賣掉呢？當週期結束，價格下跌的可能性很高，所以大家可能會認為當然要全部賣掉，但我想說，這並不是絕對的。首先，讓我們再來看一下，先前的週期結束後的價格走勢。假設在各週期最適合買進的減半前階段 2 開始分批買進。

· **第二次週期最佳買進時機（減半前階段 2）**
　平均價格：約為 **560** 美元
· **第二次週期結束後最低價格：約為 3,200 美元**

- **第三次週期最佳買進時機（減半前階段 2）**
  平均價格：約為 4,600 美元
- **第三次週期結束後最低價格：約為 15,800 美元**

若在週期初期就適當開始買進，即使是在週期結束，價格下跌時的價格，都比原先買進的價格要高出許多。因此，若為長期投資人，不需要刻意選在週期後半賣出。若考慮持有比特幣五至十年或是更久，就不需要在四年一次的週期時全部賣出，反正價格就算下跌，也會在比原先買進的價格更高的區間波動。

那麼，把眼光放到下一個週期甚至是下下個週期，進行長期投資不也可以嗎？大家可能會想，若週期結束後價格下跌的可能性高，那就先賣掉，等到價格下跌時再買不是更好嗎？但是誰也不能保證一定會有這樣的機會，即使出現了這樣的機會，也不保證就能在適當的時機再買回來。大家不要忘了，許多散戶投資人在賣出好資產後造成虧損，就是因為沒辦法在適當的時機再買回來，比特幣也存在這種可能性。

如果是以中、長期投資概念買進了比特幣的話呢？那就以適當的比例來賣出就可以了。舉例來說，先前買了相當於 1 億元的比特幣，其中 50% 是打算用來做中期投資，剩下的 50% 則是打算放超過四年以上的長期投資，那只要照比例來就解決了。

要做二至三年中期投資的那 50%，就用前面的方法配合週期時間來分批賣出。到下一個週期至少還需要兩年以上的時間，所以中期投資的部分必須在這時賣出，才符合中期投資的時間計畫。相反地，剩下打算放超過四年以上的部分，不需要在這時候賣出，可以繼續持有，轉換為長期投資。這樣一來，賣出持有的部分比特幣，可以確保一定的報酬率，剩下的部分又可以期待未來長期價格成長。別忘了，沒有人能夠保證在適當的時機賣出，就一定能夠在適當的時機再買回來！

長期來看的上漲可能性

不應該將長期投資的部分賣掉，還有一個很重要的原因，那就是比特幣現貨 ETF 帶來的長期價格上升的可能性。讓我們再來看一次黃金現貨 ETF 核准後的價格變化。黃金在 ETF 核准以後，持續了將近八年的長期上漲趨勢。這是因為機構的大規模採用，使得資金長期持續地流入黃金現貨 ETF。同樣的事情當然也可能發生在比特幣上。若機構將目前包含黃金、債券、股票等投資組合中的一部分，開始轉換為比特幣，那資金就可能長期且持續地流入。

■ 黃金現貨ETF核准後的黃金價格趨勢

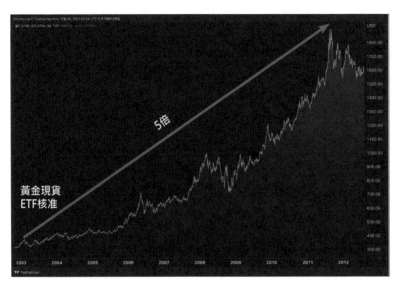

資料來源：tradingview.com

在這樣的情況下，我們就不能忽略比特幣價格將不受週期影響並持續上漲的可能性。若這種情況發生，一味相信週期而全數賣出的人就會非常後悔。即使價格隨著週期而下跌，下跌的幅度也可能會比上一次週期來得小。若考慮到各種可能性，就沒有什麼理由需要在週期後半賣出想拿來長期投資的比特幣，甚至可以說，賣出比特幣所造成的風險可能還更大。

準備好抓住人生中絕無僅有的機會了嗎？

　　我們已經看完了比特幣第四次週期從開始到結束的所有可能性。這次的第四次週期是含有極大可能性的超級循環，有很大的機會能夠獲取與投入時間不成比例的巨大報酬。我們的一生中，能遇到幾次這樣的投資機會呢？我可以很肯定地說，這樣天大的機會在一生中不會出現幾次。僅從可能的報酬來看時，確實還有其他機會，有可能創下比超級循環更高的報酬，但若考慮到機率以及時間，能在這麼短的時間之內，有高機率獲得高報酬的投資機會就非常稀少了。如果錯過了這樣的機會，之後應該會非常後悔吧？

　　若你至少已經先稍微研究過，認為這樣的投資不合理所以選擇不投資的話，還不會覺得那麼可惜，但若是連試圖了解一下都沒有，就這樣錯過了機會，那一定會非常後悔。

　　若你對於到目前為止的內容不是很了解的話，我建議你可以從頭再把書仔細讀過一遍。雖然有很多不確定的部分，但也正是因為這樣才有機會。所有人都知道的機會就不是機會了。當所有的不確定性消失，所有人都信心滿滿的時候，就沒有剩下多少機會了。這樣的機會，只有能先放眼未來、動作夠快的人能抓住，你準備好抓住機會了嗎？

BITCOIN SUPER CYCLE

第 8 章

比特幣的絕對價值不會改變

投資的時候，知道投資標的的價值是很重要的。知道價值的人，在價格低於價值時不會因此而動搖，反而會逢低買進，趁著便宜的時候多買。不懂價值的人，一旦價格下跌，就會受到動搖，看到眼前的價格一直下跌而感到恐慌，選擇放棄投資。這就是為什麼很少人能靠長期投資致勝。

　　比特幣的價格波動很大，即使在絕妙的時機買進了比特幣，若不清楚它的價值，就很可能會在價格下跌時放棄投資。因此，若下定決心要投資比特幣，有必要先理解比特幣為什麼是有價值的資產，還有它的價值水準到哪裡。

33
比特幣最重要的價值

原生數位資產

　　比特幣具有許多超越黃金的卓越特性，但這並不是比特幣的全部價值。比特幣的概念可以說是將黃金數位化，它真正重要的價值，在於可以用數位的方式來轉移實體資產。

　　比特幣是原生的數位資產（Native Digital Assets），它不存在於物理現實世界，也不能存在，只存在於數位世界中。因此，在數位世界中，比特幣本身就具有存在性。前面我們也曾舉例過，網路本身就是真實存在於數位世界中的，就像我們常用的通訊軟體，在數位世界中也是真實存在的。比特幣就是真實存在於數位世界裡的實體。

與黃金和貨幣比較

那黃金呢？黃金也可以透過網路以數位的方式交易，但透過網路所交易的黃金，並不是實體的黃金，黃金會被保存在保管所，投資人交易的只是對黃金的所有權。換句話說，這是以實體為基礎的資產。「以實體為基礎」乍聽之下好像很了不起，但其實這只是一種陷於往日類比時代的錯覺。「以實體為基礎」的資產在網路上交易，我們也拿不到「實體」，得到的只是與實體的「連結（黃金物權憑證）」。但是，這個連結隨時都能輕易被破壞。你能夠保證，只要有黃金物權憑證，黃金就是實際存在的嗎？或是當你要求將黃金物權憑證都換成實體黃金時，保管方絕對會遵守合約嗎？非實體黃金的黃金物權憑證，我們稱為「紙黃金」（Paper Gold）。問題就出在僅為物權憑證的紙黃金數量，可能比實體黃金來得更多。

舉例來說，假設我有一噸的黃金，我想用這些黃金來盡可能創造更多的錢，那我該怎麼做呢？很簡單，只要一直發行對一噸黃金的物權憑證就可以了，反正會將黃金換成實體的投資人非常少。但假設現在遇到戰爭這類的緊急狀況，投資人全部都要求將黃金物權憑證換成實體黃金。很遺憾，我根本沒有那麼多黃金可供兌換，因為我發行的物權憑證數量遠超出我擁有的實體黃金數量。這與銀行發生擠兌情形是完

全一樣的。超額發行並販售物權憑證，當所有人同時要求償還，卻沒有足夠的數量可以償還時，就會出現危機。

　　那我們每天使用網路銀行或數位銀行交易的法定貨幣呢？其實，法定貨幣的情況更嚴重，法定貨幣從一開始就是沒有實體的。在市場上流通的錢 95％ 是沒有實體、僅為信用的「假想數字」。假設市場上有 100 億元，實體的紙鈔或硬幣只有 5 億元，剩下的只是銀行裡的帳戶數字。有些人可能會想，「只是數字的話，法定貨幣不也是數位化實體了嗎？」而正是這一點，讓比特幣與其他的數位化實體有了決定性的差異。

　　比特幣可以是以數位形式存在的實體，是因為它具有能量。要挖出一枚比特幣，需要花費數萬美元，這些費用的能量會轉換為比特幣。我們可以想像成是將電力轉換為貨幣能量。所以使用比特幣本身帶有的能量，就可以與其他東西進行「等價交換」。那法定貨幣的情況呢？法定貨幣若沒有國家做擔保，就只是垃圾（只要看沒有信用的國家的貨幣價值，就會懂我的意思了）。因此，法定貨幣可以說是一種對國家信用的「權利憑證」。

　　前面我們提過，紙黃金是對黃金的「物權憑證」，而法定貨幣是對國家信用的「權利憑證」，這兩樣都不是以數位形式存在的實物，必須要有能夠為其擔保的「實物」。紙黃金的擔保是實體黃金，法定貨幣則是國家信用。那如果

中央銀行發行數位貨幣（CBDC）呢？結果還是一樣，因為CBDC本身只是「權利憑證」，若沒有國家信用擔保就什麼也不是，與一般法定貨幣的差別只在於是透過網際網路（網路銀行）還是透過區塊鏈來交易。

比特幣從一開始就是完全不同的資產

我希望各位好好思考一下，在比特幣出現之前，有任何資產能夠以數位的方式來轉移實物資產嗎？答案是沒有。第一個實現以數位方式轉移實物資產技術的正是比特幣。過去只能擁有實體資產的人類，第一次有了能夠擁有非實體資產的方法。這項非實體資產不會被破壞或掠奪，也不需要擔心怎麼保管或攜帶，可隨使用者的喜好分開或再次結合。甚至可以在一瞬間傳送至地球的另一邊，而且在這個過程當中，不需要被任何人監視，也不需要任何人的允許或幫助。這不只是技術上的進步，更是人類能夠超越物質世界的界限到達新次元的劃時代發明。就像火、電與網路的發明，比特幣在人類歷史上是一個重大的里程碑。數位化的能量能夠保管且傳送，象徵著我們將能夠脫離物質的制約，成為四次元的存在。

34
未來的比特幣，
會越來越難買

未來，比特幣的地位將與現在不同

比特幣現貨 ETF 的核准，使得比特幣與傳統金融市場完全整合，預計將會形成新的資產類別。各種不同的投資組合應該都會重新分配，並且納入比特幣。那麼，未來將會有多少資金流入比特幣，又將是從哪些資產中流出呢？

目前，全球資產市場規模約為 900 兆美元，其中黃金為 12 兆，汽車與收藏品為 6 兆，藝術品為 18 兆，股票為 115 兆，不動產為 330 兆，債券為 300 兆，現金資產為 120 兆。由於比特幣的獨特性，上述所有資產類別的資金都可能轉移到比特幣。尤其是比特幣作為資產的性質與黃金最為類似，所以從黃金重新分配至比特幣的可能性最高。根據數位資產管理平台 Matrixport 的分析，比特幣現貨 ETF 核准後，大約

會有 10% 的資產從貴金屬 ETF 轉移到比特幣。

■ 全球價值儲存市場規模

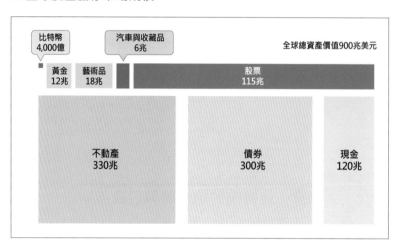

資料來源：twitter.com/@Croesus_BTC

　　其他資產類別的資金應該也會移動至比特幣，未來二十年內，預估整體資產平均會有約 10% 重新分配至比特幣。以目前的規模 900 兆美元來計算，代表會有 90 兆美元流入比特幣。但二十年後，這個金額應該會因為通貨膨脹而增加。假設目前全球資產市場的預估年報酬率為 6.5%，二十年後，90 兆美元就會變成 317 兆美元。當比特幣的總市值達到 317 兆美元時，一枚比特幣的價格會在 1,600 萬美元左右，即使資產配置率保守改以 5% 計算，價格也會在 800 萬美元左右。若所有類別的資產都有部分資金轉移至比特幣，比特幣的價

格就有暴漲的潛力。不過,和現有的資產類別相比,比特幣到底有什麼吸引力,有望造成資產重新分配呢?

比特幣最大的優點就是投資期限很長。這項優點提供了投資人長期保值及資產持續成長的可能性。投資期限長與交易對手風險為零這兩項要素,使得比特幣成為具有吸引力的投資標的,資金從其他資產類別流入的可能性也因此提高。

若不投資比特幣,而是投資股票呢?

假設你投資全球第一的股票,那麼投資期限預估是多久呢?一般來說,股票的投資期限再長就是十年左右。即使目前是全球第一的股票,十年後會怎樣沒有人可以預測。目前第一名的企業,十年後還會是第一名嗎?綜觀歷史,能夠在市場上保持龍頭地位達十五年以上的企業非常罕見。

股票受企業的成長性、管理階層的決策及市場變化影響,是一項價值變化可能有劇烈波動性的資產。根據傳統的分類,只有不履行債務風險可以算是交易對手風險。但我認為股票的這種特性也可以算是一種交易對手風險。若企業的業績未能達標,或是管理階層的決策錯誤,都可能會讓股東面臨巨大虧損。當企業的財報或是在股東大會上揭露的未來展望與現實情況不同,或是管理階層公然出錯,失去市場信任時,股票的價值就可能會有大幅波動。這也是交易對手風

險的一種型態，導致股票投資的不確定性升高。股票的最大
弱點，在於它是交易對手風險極大的資產。

■ 美國股票總市值前十大企業變遷史

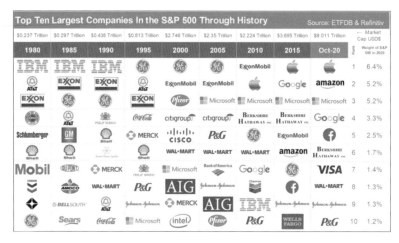

資料來源：pacificapartners.com

若不投資比特幣，而是投資債券呢？

那投資在全球市占率約為股票 3 倍的債券怎麼樣呢？債
券一樣有存續期間（Duration）與交易對手風險存在。舉例
來說，假設投資美國的十年期公債。若美國政府大量發行美
元，導致美元價值下跌，那十年後拿回的本金實際價值就會
大幅減少。這其實不是假設，而是新冠大流行時，美國大量
發行美元後實際發生的現象。美國在疫情的兩年內大量發行

美元，發行量相當於已發行美元的 41％，導致物價上漲超過 10％，美元的實質購買力在短期內大幅減弱。這還只是一兩年內發生的事情，我們要怎麼保證十年後的價值呢？

與此類似，投資前景看起來很好的企業的公司債，若公司倒閉，連投資的本金都很難回收。這個案例實際發生在 2023 年的不動產業界。股票或是債券這類資產都有這項風險，也就是其價值決定於發行者的財政狀態與行為。因此，原則上不可能將投資期限設定得很長，這是投資人必須考慮的一個重大風險因素。

若不投資比特幣，而是投資黃金呢？

那如果投資在大宗商品之王的黃金呢？黃金數千年來都是人類歷史上最頂級的商品資產。投資黃金時，需要擔心十年後每股盈餘（EPS）下跌嗎？當然不需要，因為黃金沒有什麼每股盈餘，此外，黃金也不像債券，不存在發行者破產所導致的債務不履行風險。因為這樣的特性，黃金的預期投資期限很長，也可以說是沒有交易對手風險。

身為商品資產的黃金，本質上與股票或債券不同。但是黃金有一個很大的問題，它就像是在股市中市占率達到接近 100％ 的股票，市占率已趨於飽和，在這種情況下，黃金本身的價值不太可能再成長，成長將受限於經濟成長的幅度。

　　黃金不像原油，它並不是實際使用的商品，主要用途是價值儲存，所以黃金的價格上漲主要是反映貨幣價值的下跌。然而黃金的市占率已趨於飽和，未來成長的幅度有限。這代表黃金的價格上漲與貨幣價值下跌是成比例的，而這點使得黃金與比特幣存在著決定性的差異。

　　前面提過，比特幣基本上與黃金一樣，是一種主要用途是價值儲存的商品資產。你可以把比特幣看成是黃金的數位版本。不過，在比較比特幣與黃金時，有一個十分明顯的差異，那就是成長的可能性。黃金數千年來隨著人類的歷史發展，看起來已經到達了成長的頂點，然而比特幣相對來說還是在新市場上正開始成長的資產。目前，比特幣的普及率僅相當於 1998 年的網路普及程度，換句話說，比特幣仍有很大的成長潛力。比特幣已經被納入如現貨 ETF 之類的主流金融商品，未來可望被大規模採用，應該會呈現 S 型的成長曲線。此刻，我們正站在轉捩點。

未來若比特幣普及率大漲，會發生什麼事呢？

　　前面曾經提過，黃金與比特幣價格上升的絕對因素，是貨幣價值下跌。黃金因為已經沒有太大的成長空間，所以價格上漲的幅度受限於貨幣價值下跌的程度。然而，比特幣是從現在才要開始成長的資產，想要持有比特幣的人會越來

多，隨著需求增加，比特幣的價值會更高。另外，當比特幣的流通量減少，剩下的比特幣會吸收更多的貨幣價值，加快價格上升的速度。

　　實際來看，2020 年 3 月以後，交易所中可供交易的比特幣數量有減少的趨勢，也就是能取得的比特幣漸漸在消失。那麼，是誰從交易所中拿走了比特幣呢？當然是那些看好比特幣長期趨勢，預期比特幣價值將會上升的投資人們。長期投資人的比例隨著時間越來越高，甚至連日來刷新紀錄，相反地，短期投資人的比例持續減少，且這股趨勢應會持續。

■ 加密貨幣交易所的比特幣保管量變化

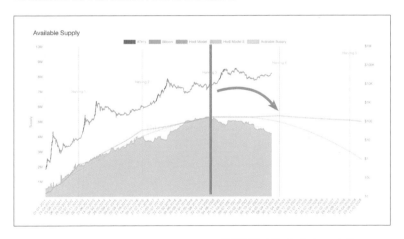

資料來源：bitcoinstrategyplatform.com

　　當普通的投資人以低估的價格賣出比特幣時，放眼未來

的人們則會利用機會買進並長期持有比特幣。正因如此，市場上能夠買進的比特幣數量逐漸減少。這股減少的速度應該會加快，因為接下來的減半會讓比特幣的供給量越來越少，但需求量卻是不斷增加。當供給不斷減少，需求不斷增加時，會發生什麼事呢？價格會呈現指數增長。若這樣的市場動力持續，未來光是要持有一枚比特幣，可能都是一般人難以想像的事。

想像一下，若各位可以讓時光倒流回到四十年前，給父母一些財務上的建議的話，各位會怎麼做？我想各位一定會想叫父母買首爾的公寓，尤其是江南地區，買越多越好，而且絕對不能賣掉，就算遇到外匯危機或是金融風暴都不可以賣掉。我想，當時的父母一定會這樣麼覺得：「一間要 2,000 萬韓元你叫我買？瘋了嗎？」

但現在呢？江南代表性的老公寓銀馬公寓，四十年來漲了 120 倍。四十年前，2,000 萬韓元的房子中產階級只要拚一下就買得起，當時平均年薪為 360 萬韓元，一間房子的價格大約是五年五個月的年薪；但是現在已經漲到一般人再怎麼努力也買不起的價格了。

未來，類似的現象可能也會發生在比特幣上。有價值的資產，價格會隨著時間而不斷上漲。股票即使價格不斷上漲，還是可以透過股票分割來壓低每股價格，使投資人仍然可以擁有完整的一股，但商品資產不一樣，隨著價格上升，

要擁有完整的一單位資產會越來越難。我希望你記得這句話，十年、二十年後，一枚比特幣的價格會達到一般人難以奢望的程度，就像現在江南地區的公寓一樣。我相信那一天一定會到來。

至今仍感到不安的讀者

我們已經看完比特幣週期從開始到結束的所有可能性了，但要完美預測還沒發生的事情是不可能的。在先前的第三次週期中，因為意料之外的大利空，讓比特幣價格受到很大的影響。這次也一樣，或許會出現意料之外的大利多，讓週期的時間變得更長，也或許會出現意料之外的大利空，讓週期快速結束。此外，也可能因為所有人都想在週期中獲利了結，使得週期的進行速度加快。我們沒辦法預測到每一件事，必須隨時觀察狀況以及確認各種指標來做判斷。

在前面的章節我們看過，比特幣報酬率決定在週期最後的價格暴漲期。若判斷錯誤，提早賣出的話，就可能讓報酬率大幅降低。些微的差異可能會導致極端的結果。就算進場時機算得很準，影響成敗的關鍵仍然是出場時機。辛苦耕耘超過兩年，卻可能在收成時毀於一旦，比起草率地預測，更重要的是了解真實情況後再做判斷。

如果可以的話，我希望自己能在 2025 年出版本書的修

訂版本，到時候可以將更多的狀況納入考量，與各位讀者分享更正確、更仔細的週期結束計畫。

知識補給站

沒有任何東西能夠帶進棺材

■ 西元前 1213 年

　　當金黃色的陽光照耀著埃及的沙漠，坐在王座上的拉美西斯二世陷入了沉思。在他眼前的這片廣闊領土，讓他想起了他這一生所達成的成就。不過，拉美西斯二世的心中，仍有一個無解的疑惑。

　　「我在這一生累積的所有東西，難道不能帶到另一個世界嗎？」

　　低沉的耳語，在大殿中沉悶地響起。拉美西斯二世明白，死亡的影子正朝自己緩緩走來，但是他的眼神依然銳利，嗓音也十分堅毅。大臣們在一片沉默之中，望著法老苦惱。拉美西斯二世看著放滿金銀財寶的房間，喃喃自語。

　　「這座宮殿裡滿滿的寶物，象徵著我的力量與榮耀，但在死亡面前卻沒有任何意義。若什麼也帶不走，那這些東西又有什麼意義呢？」

　　其中一位大臣，小心翼翼地走近他，開口說道：

　　「法老，我們為了稱頌您的偉大，準備了最盛大的葬禮。不只是您的財產，象徵您的成就與靈魂的所有東西，都

將與您一起埋葬。」

拉美西斯二世的眼神中仍充滿疑惑。

「但是這些東西，真的能跟我一起去死後的世界嗎？我死了以後，這些東西不都會變成塵埃嗎？」

「我們聽從法老的命令，準備了能夠永遠保存寶物的金字塔。」大臣這麼說。

拉美西斯二世彷彿已經下定決心，他緩緩地點頭，回答道：「即使我的肉體會消失，我的靈魂不會消失。將我的財產埋葬在我那宏偉的金字塔吧。那些東西會與我的靈魂一起，在另一個世界證明我的威嚴。」

大殿陷入了沉默。大臣們聽了拉美西斯二世的話，點了點頭。為了完成法老的最後一個願望，他們開始樹立計畫。黃金、寶石與美麗的藝術品放到金字塔深處的房間。他們相信，象徵法老的一生與成就的各種寶物，可以讓他的靈魂在另一個世界，維持他身為王的權威。拉美西斯二世看著他的寶物被小心翼翼地安置，平靜地笑了。

「現在我可以安心地前往另一個世界了，我在這塊土地上的所有成就，都會隨我一起被世人永遠記得。」

太陽漸漸落到地平線下，天空變得一片紅。拉美西斯二世望著太陽西下另一邊的天空，星星在夜空中閃爍，感覺自己在這塊土地上所立下的功績，在安靜的夜晚顯得十分生動。死亡不是單純的結束，而是誕生為永恆傳說的瞬間，他

為他所達成的豐功偉業感到驕傲。這些寶物，成為了他的故事的證據，即使時間流逝也不會改變，超越了死亡，在新生後將會守護著他。

這些寶物將會永久沉睡在沙漠深處，靜靜地見證即使過了數千年也不會消失的榮耀。偉大的王拉美西斯二世相信他的傳說能夠超越死亡，永遠流傳。懷抱著這樣的信仰，他就此陷入長眠。

■ 西元 1827 年

太陽把沙漠照得炎熱，約翰徘徊在聚集了埃及法老和貴族陵墓的王室山谷之中。在他眼前的是具有數千年歷史的古代大地。他為了尋找傳說中的法老陵墓，從英國來到埃及。

「在這！」

約翰對著同伴們大叫。他們在倒下的石頭與沙之間發現被埋了一半的入口。那是他們找了許久的拉美西斯二世的陵墓。進入陵墓的約翰，屏住呼吸。牆壁上布滿了複雜的花紋與象形文字。牆壁上刻畫的拉美西斯二世充滿威嚴的模樣，令約翰心生敬畏。

「這竟然是三千年前的陵墓，真是令人難以置信。」

陵墓的結構非常複雜，裝飾非常精細，令人讚嘆。約翰驚訝於古代埃及人的建築技術與藝術品味。但是陵墓有長久

以來被盜墓的痕跡，毀損相當嚴重。

「要是這裡所有的東西，都能以完美的狀態保存至今，該有多好啊？」

約翰感到十分可惜。拉美西斯二世想將自己的寶物帶到死後的世界，但他的願望沒有成真。與他一起被埋葬的無數寶物，大多被挖開盜走了。

這世上沒有任何東西能夠帶進棺材裡。

■ 西元 2024 年

史帝夫坐在位於曼哈頓的摩天大廈辦公室窗邊，俯瞰著一片深藍色的夜景，遠處的亮光十分微小，感覺不像現實世界。那非現實的感覺，讓過去的歲月就像一場夢。認知到自己所剩時間不多的真實感受，像有一股力量重重地壓在胸口上。

史帝夫回想著過去，在年輕且充滿熱情的時候，他白手起家，以他的毅力與執行力，終於進展到曼哈頓的最高大廈，這裡是象徵他的成功的地方。但是，他所剩的時間已經不多了，像機器般嘎嘎作響瀕臨崩潰的身體，提醒著他這一點。

「所有事情像是昨天才發生的一樣……」

史帝夫陷入了對過去的懷念當中。由自己所建立的帝

國，在他死後仍會留下，但是個人的財產呢？史帝夫沒有後代，他想過成立慈善基金會，將他的所有捐出，但這方法與他的想法不合。他希望自己的所有東西，從名字到財產，全部都可以被收走，他不想要留下任何東西。他想從無開始，以無結束。

史帝夫發現了能夠將自己的財產帶進棺材裡的唯一方法。那是連傳說中有著古老神的權力的埃及法老也沒辦法做到的事情，而他卻做到了。法老夢想著永恆，命人一起埋葬的寶物，被盜墓者殘酷地奪走。當人死了以後，留下的東西的命運，取決於活著的人。不論是公司、財產、名聲，甚至是名字，都不能帶進棺材裡，但有一樣東西做得到。當史帝夫意識到，世界上存在著唯一能帶進棺材的東西時，他充滿了喜悅，幾乎忘記了眼前的死亡。

那樣東西，正是比特幣。

他只要將所有的財產投入比特幣，然後不留下密鑰即可。這樣一來，就沒有任何人能夠接近他所留下的比特幣，走向真正的「無」，讓一切消失。剩下的比特幣價值，會因與史帝夫一起消失的比特幣而增加。由於流通的比特幣變少，財富會自動分配給其他的比特幣持有者。這可以說是真正不會留下名字的捐獻，這比用自己的名字，捐款至不知道到底怎麼經營的慈善基金會更有意義。從無開始，以無結束，這就是史提夫想要的完全消失。

「他們還活著的時候，要是有比特幣……」

史提夫為過去的法老感到憐憫，他們最終還是無法將任何東西帶進棺材，埋下的寶物大多都被盜走了。但是，有了比特幣的現在，就能把東西帶進棺材了。永遠沒有被盜風險的絕對消滅，人死後，因為不能帶走任何東西，所以原則上對人類來說，沒有100％的擁有。但是有了比特幣後，這件事就能成真了。不論是誰，甚至是死亡，都不能改變的100％擁有。連歷史上最偉大的征服者們都沒辦法做到的事情，現在史帝夫做得到了。他感到無比的滿足，漸漸入睡。

■ 西元 2138 年

「最新消息，第 2,100 萬枚比特幣已經開採出來了。比特幣歷時一百三十年，終於完成了整個發行過程。未來雖然會繼續生產區塊，但不會再繼續生產新的比特幣了。」

最後一枚比特幣被開採出來的消息，透過全球 200 億地球人腦內的植入型接受器，光速傳了開來。在 2009 年誕生，將完全所有權介紹給世人的比特幣，以後不會再生產了，過去一百三十年來的比特幣挖礦到此結束，未來區塊鏈只會執行生產區塊的基本任務。

對平凡人來說，就連擁有 0.0001 枚的比特幣，都是一輩子的夢想。根據調查，全球完整擁有一枚比特幣的人，還

不到 1,000 人。 200 億人口中，只有極少數的頂尖富豪能夠擁有一枚完整的比特幣。過去到底是哪些聰明的人，預測到一百年後的未來，買進了一枚完整的比特幣呢？在還能輕易取得一枚完整比特幣的年代，沒有打算買進比特幣的人，他們在做什麼呢？放眼未來懂得適應變化的人，與不懂這些的人，他們的財富地位將會變得天差地別。在無法抗拒的時代潮流面前茫然若失及恍神，身為經濟主體的這些人，就是在怠忽職守。這樣的代價，必須由他們的後代來承擔。

　　最近有許多關於比特幣消失的疑慮出現，因為有人故意或非故意不留下暗鑰就死亡，或是遺失暗鑰的比特幣遺失（Lost Coin）情形不斷增加。根據最新研究指出，已經有超過 1,900 萬枚以上的比特幣，超過五十年以上沒有任何動作，換句話說，90％的比特幣將會消失。每當有比特幣成為數位遺產，消失至一個永恆的空間時，剩下的比特幣價值就會更高。其中在 2024 年，比特幣暴漲初期，將所有財產投入比特幣後，不留下密鑰就撒手人寰的偉大企業家史提夫・麥森的故事成為了傳說。「帶著所有成就進入棺材」這句口號流行了起來，許多的名人與企業家將所有財產轉換成比特幣後，不留下密鑰。因為這樣的社會現象，剩餘的比特幣數量大幅減少，據傳目前只剩下不到 200 萬枚的比特幣，估計其中有超過一半，已經數十年沒有動靜。因此，也有人推測，實際存在的比特幣數量可能不到 100 萬枚。當剩餘數量

越來越少，比特幣的價格就會一直上漲。

　　很久很久以前，化名中本聰的匿名程式設計師，是否已預料到這樣的未來呢？ 2008 年因為貪心的銀行與金融勢力而發生的金融危機，讓許多人深陷痛苦之中，但這些銀行與金融勢力，大部分都因為政府的紓困而沒有受到很大的懲罰。

　　在那樣混亂的時期，比特幣就像出淤泥而不染的蓮花，誕生在世上，並在超過百年的時間內，賦予了許多人完全所有權這項難以估算的價值。三十萬年前，人類來到進化的頂點，開始站立行走，征服世界。從那時起，人類就一直渴望著完全所有權，然而這個夢想，經過了數萬世代都沒有辦法實現，僅是一場徹底的幻想。這樣的渴望，讓多少人被掠奪、摧毀、踐踏、受苦呢？

　　比特幣為人類帶來了完全所有權的自由，讓人類從三十萬年來的經濟苦痛中解放。它讓原本是不完整狀態，不能傳送價值的網路，變成了完成品，成為繼火與電後的人類第三大發明。如今，比特幣是全球最有價值的資產，不以消費而是以儲蓄為基礎的經濟系統根基正在形成。比特幣像大地一樣牢固，是支持人類永恆發展的穩固基石，支撐著我們的生命。

結語

　　2024 年是比特幣誕生十五週年，也是迎來歷史性的第四次減半的一年。本書雖然是在 2024 年出版，但是直到 2025年減半週期的頂點，還有在未來，都會是一本有用的投資指南。比特幣減半週期會遵循一定的型態，所以本書中的理論一樣適用於未來的第五次、第六次減半。甚至在數年後，本書可能會成為證明比特幣週期可預測性的歷史資料。若你在比特幣超級循環結束前發現了這本書，可以說是命中注定的幸運兒。若你在比特幣超級週期結束後發現了這本書，那本書就會成為你為下一次週期做準備的珍貴教材。發現這本書的各位，我希望你們不會錯過千載難逢的機會，並且在未來不會後悔。

　　等過了 2025 年，會誕生許多加密貨幣富豪。就像先前每一次週期結束後，都會有許多投資人獲得鉅額財富，這一次的超級循環結束後也一樣，而我希望你可以成為其中一位。把眼睛閉上，想像一下吧，當你財富自由後，自由自在地做著想做的事情的模樣。不用再去不喜歡的職場上班，每天早上也不用擠地鐵，可以在平日白天，在咖啡廳裡悠閒地喝咖啡看書，這不會是遙遠的夢。已經有一定資產的讀者，

在這次的超級循環結束後，你的資產能夠大幅增加，享受你夢想中的自由。至於資產沒那麼多的讀者，透過這一次的週期，你可以累積資金，為下一次機會做準備。不論是哪一種狀況，你都能更快獲得財富自由。

比特幣與加密貨幣市場以及 AI 產業，在未來十到十五年，會是最讓人類生活產生革命性變化的產業。如同電腦發明、網路熱潮、行動創新、電動車等推動時代變化的機會，比特幣正處於這些變化的中心。比特幣從根本上改變了人類儲蓄財富的方式，是一個劃時代的發明，也是數位價值傳輸的創新。比特幣誕生後的十五年來，有部分人將它視為私人投機商品，但如今，它已躋身主流金融之列，準備好接班「數位黃金」的地位。

許多人認為投資比特幣的機會已經過了，但投資的核心思想不是「上漲可能性」，而是「風險報酬率」。過去的比特幣，有著高上漲率及高不確定性所以風險很大，但現在有許多機構大規模採用，而且超級循環即將展開，所以它目前的「風險報酬率」非常具吸引力。我希望你不要錯過這一生中難得一見的機會，在超級循環結束後大獲成功。如果能牢記本書中所學到的內容，並實際應用在投資上，在這一次的週期結束後，還能抓住未來的其他機會。我希望看見這本書的所有讀者，未來都能迎向幸福的財務自由。

BITCOIN SUPER CYCLE

投資比特幣一定要知道的
8 個核心概念

名詞解釋 1

顯示挖礦所需算力的
哈希率（Hashrate）

　　比特幣的終極價值在於「實現無主真正貨幣的數位化」。歷史上無數曾經存在又消失的貨幣，都無法到達這個狀態。因此，比特幣最終將成為超越地緣政治風險、全球通用的「真正貨幣」。

　　然而貨幣的價值要如何計算，是一個很複雜的問題。有許多的公式可以計算貨幣價值，但是只要有小小的變數，就可能會讓結果出現很大的誤差。比特幣是過去在地球上從未出現過的東西，它的終極目標是成為空前絕後的真正貨幣，若成真，它的價值將會難以測量，因為過去從來沒有這種貨幣的存在。

　　這樣一來，以未來一到五年的中等期限來測量比特幣的價值，就會是最實際的方案。比特幣的最終價值會達到難以想像的水準，雖然沒有測量的方法，但我們可以用距離現在較近的未來價值來替代。

　　測量比特幣價值時，最常使用且最具代表性的指標正是哈希率。哈希率是顯示挖礦所需算力的指標，可以解釋成挖

礦所需的費用。當比特幣的哈希率上升，就表示網路受到強力保護，比特幣的中期價值上升可能性高。

■ 比特幣哈希率

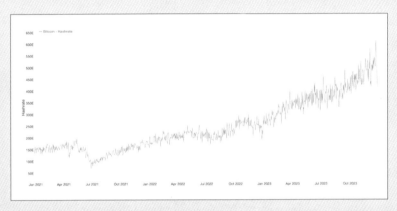

資料來源：bitinfocharts.com

　　哈希率的重要性顯現在兩個層面。第一，這對於比特幣網路安全十分重要。當掌控網路必要的算力增加，要駭入比特幣就會更加困難。比特幣系統的設計上，若由單獨個人或單一集團掌握了過半數的網路算力，就能夠偽造交易紀錄。但若整體的算力高，實際上就不可能發動這種攻擊，高哈希率象徵網路的可靠程度。

　　第二，這對於比特幣的價格很重要。當哈希率上升，製造比特幣的費用增加，會推升比特幣價格上漲。哈希率的上升，代表投入挖礦的費用增加。挖礦包含了電力、電腦硬體

設備、維護等費用，因此若費用越高，礦工就會想將挖出的比特幣賣得更貴。這會影響比特幣的市場價格，因為沒有礦工會想將比特幣以比生產所花的費用還低的價格賣出。以結果來看，這使得哈希率與比特幣價格呈正相關。

綜上所述，哈希率不只與挖礦相關費用有關，也是顯示網路安全與健康的指標，與比特幣中短期的價值有直接關聯。當哈希率越高，網路越受到強力保護，這使得比特幣的稀缺性提升，價值也隨之上升。

名詞解釋 2

顯示有多少人使用的
活躍使用者規模

　　比特幣是商品的同時，也具有貨幣的屬性，當越多人使用，價值就會越高。這與現金流越增加，價值就越高的股票完全不同。

　　貨幣的價值是基於社會共識。貨幣形成的過程，可分為以下四個階段。

　　（1）收藏品

　　（2）價值儲存手段

　　（3）交換媒介

　　（4）會計計量單位

　　比特幣在 2024 年現貨 ETF 核准後，由收藏品轉換為價值儲存手段。若比特幣無法從第二階段進化至第三階段或第四階段，那它就會是被用來儲存價值的商品資產，與目前的黃金類似。即使比特幣只停留在第二階段，它的價值也可能會比現在增加許多。舉例來說，價值儲存手段中最具代表性的債券與證券市場規模達到 600 多兆美元，相當於目前比特幣價值的 1,000 多倍。比特幣已經被認可為價值儲存手段，

未來比特幣價格上漲的可能性非常高。以下我將介紹幾項可用來評估比特幣受到多少人認可，以及測量它基於社會共識之估值的代表性指標。

■ 活躍錢包數

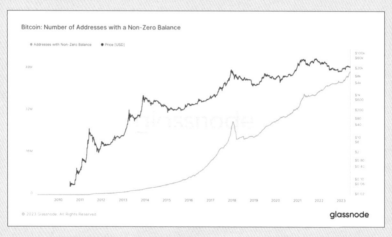

黑色線是比特幣價格，橘色線為活躍錢包數。

資料來源：glassnode.com

　　第一個要看的指標，是顯示持有比特幣的人數的活躍錢包數。因為有些比特幣是保管在交易所錢包，所以很難正確地計算活躍錢包數，但若排除掉餘額為 0 的錢包，就能較精準地算出活躍錢包數。排除餘額為 0 的錢包數持續增加，表示持有比特幣的人數持續在增加。

■ 交易量

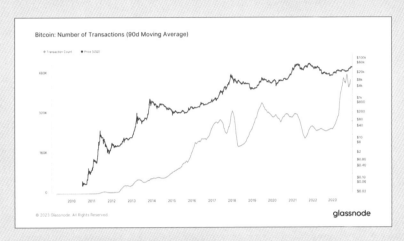

黑色線是比特幣價格，橘色線為交易量。

資料來源：glassnode.com

　　交易量的增加，顯示比特幣被用來當作貨幣。交易量增加，代表交易增加，隨著交易量越增加，比特幣的價值就越高。不過由於比特幣的交易手續費增加，使得該指標有著無法反映小規模交易的缺點。因為若要買價值 100 元的東西，卻要付 1,000 元的手續費，就不會有任何人在小規模交易上使用比特幣（比特幣不論是轉 1 元或是 1 兆元，每次的交易手續費都一樣）。

■ 長期持有者

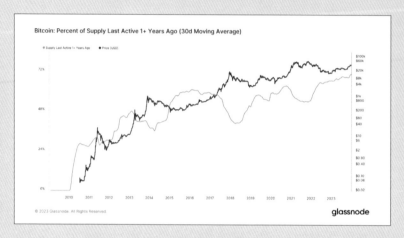

黑色線是比特幣價格，橘色線為長期持有者數。

資料來源：glassnode.com

　　長期持有者數也是評價比特幣價值的重要指標。長期持有者數多，代表有許多人認為該資產有價值。一般來說，持有一年以上的會視為長期持有者，持有比特幣超過一年以上的長期持有者比率持續在增加。目前超過 70％ 的比特幣，由一年以上的長期持有者所持有。持有超過五年以上的超長期持有者數量，也呈現持續增加的趨勢。比特幣整體數量的 31％ 由五年以上的超長期持有者所持有。以上的統計，顯示相信比特幣且打算長期持有的人的持有量持續在增加。

　　3Com 公司的創立者羅伯特・梅特卡夫（Robert

Metcalfe）認為，網路價值與使用者數的平方成正比（梅特卡夫定律）。這樣一來，比特幣的網路價值也會與使用者數的平方成正比，會隨著使用者數量增加而增加。因此，比特幣持有者與使用者的增加，會讓比特幣的價值呈現指數式增長。當比特幣社群規模越大，它的價值就會隨之增加，等到比特幣未來被當作交換媒介使用時，它的價值將會達到無法想像的地步。

名詞解釋 3

顯示資產是否過熱的
恐懼與貪婪指數

　　接下來要介紹的恐懼與貪婪指數，不只適用於比特幣，還是能夠用來檢視股票或債券等大部分資產類別是否過熱的指標。若能夠理解並活用這個指標，對於投資任何資產都會有幫助。

■ 恐懼與貪婪指數（Fear & Greed Index）

資料來源：alternative.com

　　恐懼與貪婪指數是用來評估市場過熱程度的代表性指標，範圍為 0 ～ 100。越靠近 100，表示市場處於貪婪狀

態，越靠近 0，則表示市場處於恐懼狀態。這項指數是以六項要素組成，包含波動性、動能、社群媒體、市場調查、比特幣市占率、趨勢，各項要素分別占不同比重，用以檢視市場的過熱狀態。

　　一般來說，當恐懼與貪婪指數超過 75，就處於極度貪婪狀態，若低於 25，就處於極度恐慌狀態，可以用數字來判斷市場氣氛過熱或是已冷卻。實際上，在極度貪婪或是極度恐慌狀態，價格經常會在短期內大幅上漲或下跌，若要利用這些指標建立投資倉位，要避免草率地平倉。

■ 隨時間變化的恐懼與貪婪指數趨勢

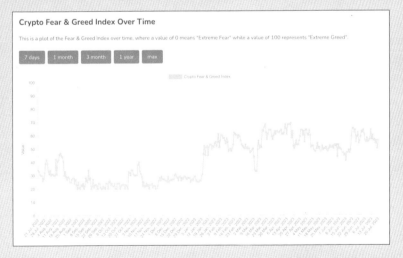

資料來源：alternative.com

　　價格要上漲，貪婪狀態必須維持一定時間，若長期處於貪婪狀態，買勢轉弱，價格則會漲多修正。因此，恐懼與貪婪指數常用於檢視動能。2022 年，持續下跌的比特幣，恐懼與貪婪指數大多在 20 附近徘徊，處於極度恐慌狀態。進入 2023 年，動能逐漸趨於中立，比特幣的價格開始反彈。恐懼與貪婪指數偶爾會逼近 70，十分接近極度貪婪狀態，但又會回到中立。這代表市場的動能還不夠強。當動能增強，指數徘徊在貪婪至極度貪婪狀態之間時，價格才會大幅上漲。這個狀態預估會在 2024 年下半年出現。

　　當加密貨幣市場到達極度貪婪狀態時，可以考慮短期投機山寨幣（Altcoin）或是迷因幣（Memecoin）。在過熱的市場上，這類加密貨幣的短期價格上漲率會比比特幣更高。但這不是投資而是投機，必須充分了解風險，以小額資金來挑戰。

名詞解釋 4

顯示上漲與下跌何者較強的
相對強弱指數（RSI）

■ 相對強弱指數（Relative Strength Index，簡稱RSI）

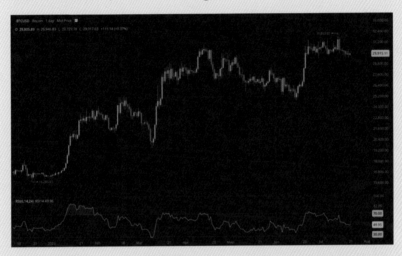

上方為價格圖表，下方藍色圖表為RSI。

資料來源：webull.com

　　RSI 是顯示目前價格的漲勢與跌勢哪一邊較強的指標。計算一定期間內的價格變動平均，若上漲數的平均較大則為超買，下跌數的平均較大則為超賣。

　　RSI 的計算方法如下，將一定期間內上漲日數的上漲幅度定義為 U（up），下跌日數的下跌幅度為 D（down），它們的平均分別為 AU（Average Ups）與 AD（Average Downs），AU 與 AD 的比率就稱為 RS（Relative Strength）值，當 RS 值越大，上升幅度就越大。

　　RSI 公式如下：

RSI＝RS ／（1 ＋ RS）（一般以百分率表示）

　　簡單來說，在一定期間內，若上升幅度較大，RS 值就會高，若下跌幅度較大，RS 值就會低。不需要自己進行複雜的計算，參考圖表軟體上提供的輔助指標就可以了，公式只是列出來給各位參考。

　　一般來說，常用的設定標準為 14 天，此外也可以用 9 天、15 天，或是 25 至 28 天等。RSI 值的範圍為 0 ～ 100％，超過 70％就是超買區間，低於 30％就是超賣區間，所以一般的策略會是當 RSI 超過 70％就賣出，低於 30％就買進。但是當趨勢形成，可能就會持續好一段時間，即使處於超買或超賣狀態，RSI 的趨勢也會持續像右頁的圖一樣。

　　使用 RSI 指標時，與其單純憑是否已進入超買或超賣區間來決定交易與否，一般會在 RSI 超過 70％後轉為下跌，或是低於 30％後轉為上漲時，再來考慮買賣。但是當動能強

時，RSI 進入中性區間後，常常出現再次轉回超買或超賣區間的情形，必須多加注意。

　　當價格形成明顯趨勢時，只使用像 RSI 這樣的超買或超賣指標來預測高點或低點，風險相當高。RSI 指標可能會長期處於超買或超賣區間。

■ 超買 / 超賣狀態下的長期趨勢

資料來源：webull.com

　　RSI 要與價格變動連結運用才會有用，若價格上漲創新高，但 RSI 指標沒有跟著上升，出現背離現象時，就可以知道盤勢轉弱。這表示雖然價格上漲，但買進的力道不夠強。舉例來說，當價格大漲時，出現 RSI 超過 80 的強力動能，接下來雖然價格繼續上漲，但 RSI 掉到 70 左右，我們就可以知道，買進的力道已經變弱了。就結果來看，價格很有可能不會再上漲。

　　使用 RSI 指標時，判斷價格處於超買或超賣狀態很重要，但所有的輔助指標都只是參考，並不是絕對性的指標。RSI 指標為滯後性指標，有延遲反映行情的傾向，適用於掌握市場心理，但不適合用於預測價格。輔助指標從本質上來

說，是與基本面完全無關的數據，可以將其用來幫助理解市場的走勢，但在做投資決定時，不應過度依賴這類指標。

名詞解釋 5

顯示投資人心理的
波動率指數（VIX）

　　接下來要看的指標是經常被稱為恐慌指數的波動率指數（Volatility Index，簡稱 VIX）。VIX 會以標普 500 指數的選擇權價格為基礎，以未來 30 天的看漲選擇權（Call Option）與看跌選擇權（Put Option）的加權價格結合起來計算。

■ VIX vs. 標普500指數

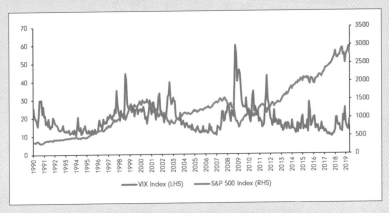

藍色折線圖為VIX波動率指數，橘色折線圖為標普500指數。

資料來源：fidelity.co.kr

VIX 簡單來說，是顯示投資人對未來 30 天標普指數變動幅度的期待值。大型投資人主要是將選擇權交易當作避險的工具，所以購買選擇權的費用可以視為一種保險費。當保險費上漲，就代表市場的風險正在增加。現實情況中，當 VIX 上漲，美國證券市場就會出現下跌的趨勢。因此，當 VIX 上升，就代表市場風險增加，換句話說，可以解釋成投資信心惡化。

不過，波動率指數其實不只適用於價格下探，也適用於價格上漲的情況，但 VIX 還是被稱為「恐慌指數」，VIX 上升時價格下跌的可能性高，是因為投資人大部分持有較多買進部位。

另外有一個 BVIX，是專屬於比特幣的波動率指數，該指數是計算未來 30 天比特幣選擇權溢價而成。BVIX 與 VIX 相同，指數上升時，代表投資人對市場前景較悲觀，指數下降時，代表對市場前景較樂觀。不過，對市場前景悲觀，並不代表價格就一定會下跌。對市場前景樂觀，也不代表價格就一定會上漲。當價格長期處在盤整狀態，會讓投資人感到無聊，BVIX 就可能維持低水準。

BVIX 不會一直維持在低水準，它會在某一個時間點上升，這可能是價格要開始大幅波動的起點。從某方面來看，這是危機，但同時也代表著機會。若不是短期交易員，不需

要過度分析這類指標，我們用這些指標只是來理解市場的趨勢，掌握目前在哪一個階段，並探探市場情緒。

■ BVIX趨勢

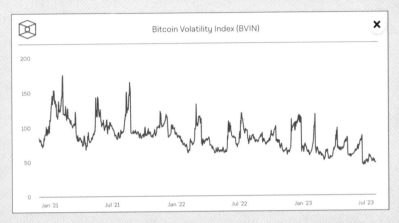

資料來源：theblock.co

名詞解釋 6

顯示獲利或虧損程度的
未實現淨損益（NUPL）指標

　　從市場參與者目前的獲利或虧損程度，來判斷比特幣價格處於超買或超賣狀態的指標，是未實現淨損益指標（Net Unrealized Profit ／ Loss，簡稱 NUPL）。NUPL 以下列兩階段來計算。

　　（1）計算未實現淨損益：以目前比特幣市場價格減掉已實現價格，來計算目前市場參與者的獲利或虧損比率。已實現價格為比特幣最後一次交易的平均價格，除以目前已發行的比特幣數量。舉例來說，目前比特幣價格為 25,000 美元，已實現價格為 20,000 美元時，未實現淨益則為 5,000 美元。相反地，當比特幣價格為 20,000 美元，已實現價格為 25,000 美元時，未實現淨損則為 5,000 美元。

　　（2）計算未實現淨損益比率：將（1）計算出的未實現淨益／淨損除以目前價格，就能得出 NUPL 的比率。舉例來說，目前價格 25,000 美元減掉已實現價格 20,000 美元

的 5,000 美元，除以目前的價格 25,000 美元，就會計算出 NUPL 的比率為 20%。

根據 NUPL 的比率，可以判斷市場的超買或超賣程度，比率可分為以下區間：

- 100 ～ 0%：投降（Capitulation）
0 ～ 25%：希望（Hope）／恐懼（Fear）
25 ～ 50%：樂觀（Optimism）／焦慮（Anxiety）
50 ～ 75%：信仰（Belief）／否認（Denial）
75 ～ 100%：興奮（Euphoria）／貪婪（Greed）

NUPL 不適合用來預測市場的趨勢，因為市場在興奮狀態時，超買狀態可能會持續一段時間；市場在恐懼狀態時，超賣狀態也可能持續很久。不過，NUPL 可以用來掌握價格高點與低點。從下一頁的圖中可以看到，在 NUPL 到達興奮（Euphoria）階段時，比特幣價格在許多次週期中都到達了高點。在各週期中，若 NUPL 達到興奮（Euphoria）階段的話，就要強烈懷疑此時已到週期高點。NUPL 維持在低水準階段的話，可視為市場的機會，若維持在高水準階段的話，可視為危機。我們可以利用這項指標來了解波動性與市場的趨勢，把握目前的狀況。

■ NUPL vs. 比特幣價格

藍色折線圖為NUPL，黑色折線圖為比特幣價格。

資料來源：lookintobitcoin.com

名詞解釋 7

顯示市場參與者獲利狀態的
支出產出利潤率（SOPR）

支出產出利潤率（Spent Output Profit Ratio，簡稱 SOPR），是顯示持有期間有多少獲利的指標。

若目前交易的所有比特幣的平均買進價格為 1,000 萬元，平均賣出價格為 2,000 萬元時，SOPR 就是 2,000 ／ 1,000=2。

■ 支出產出利潤率（SOPR）

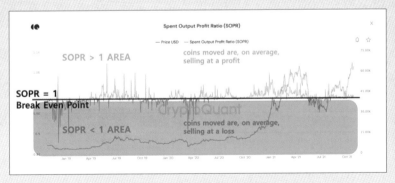

下方的黑色折線圖為美元價格，上方的藍色折線圖是SOPR。

資料來源：cryptoquant.com

　　因此若 SOPR 大於 1，表示平均來說，投資人賣出時都是獲利的；SOPR 為 1 時，表示平均來說，投資人是以均價賣出；SOPR 低於 1 時，表示平均來說，投資人賣出時是虧損的。統整如下：

SOPR ＞ 1：平均來說賣出時獲利
**　　　　　　（賣出價格高於買進價格）**
SOPR ＝ 1：平均來說損益兩平
SOPR ＜ 1：平均來說賣出時虧損
**　　　　　　（賣出價格低於買進價格）**

　　通常會將持有 155 日以上的長期持有者的 SOPR 另外看，因為長期持有者 SOPR 適合用來觀察週期趨勢。在過去週期中，若長期持有者 SOPR 超過 10 時，週期位於最高點，低於 0.6 時，則達到最低點。當長期持有者 SOPR 低至 0.6 以下時，就要積極買進，超過 10 以上時，就要積極賣出，也就是所謂的逢低買進，逢高賣出。當然，每個週期不一定會以相同的型態反覆出現，但利用過去數據來追蹤週期的進展，就能夠投資得更有效率。

■ 長期持有者SOPR

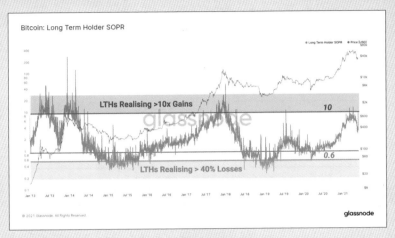

接近紅色領域為高點，接近綠色領域為低點。

資料來源：glassnode.com

名詞解釋 8

與股票的本益比（PER）相同概念
網路價值與交易量（NVT）比率

■ 比特幣價格 vs. 網路價值與交易量（NVT）比率

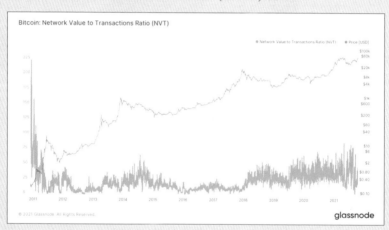

黑色折線圖為比特幣價格，橘黃色折線圖為網路價值與交易量（NVT）比率。

資料來源：glassnode.com

　　網路價值與交易量（Network Value to Transaction，簡稱 NVT）比率之於加密貨幣，就像是股票的本益比，能夠解釋總市值與交易量之間的關係。將比特幣視為貨幣時，通常會以兩項重要指標來測量比特幣的價值：作為價值儲存手段的總

市值，以及作為結算與支付網路的交易量。

- 價值儲存手段：總市值（市場價值）
- 結算與支付網路：交易量

結算與支付網路顯示比特幣作為貨幣的功能（實用性），為實質基本面的指標。

NVT 比率高或是處於上升趨勢，代表投資人以溢價定價比特幣，價格已經超越了貨幣的用途。從歷史數據來看，高NVT 表示市場接近頂點。

與此相反，若 NVT 比率低或處於下跌趨勢，則代表投資人以折價定價比特幣，這代表價格低於貨幣實質使用價值，根據歷史數據，在 NVT 比率低的期間，是投資人的儲蓄時間，也是以折價買進的機會。

高 NVT= 高估
低 NVT= 低估

■ NVT 計算法

NVT 是將總市值（美元計價）除以單日交易量（美元計

價）計算而成。

$$\text{NVT 比率} = \frac{\text{總市值 Market Cap（USD）}}{\text{每日交易量 Transaction Volume（USD）}}$$

NVT 的核心，在於比較比特幣用作價值儲存手段以及用作結算與支付工具（實用性）這兩種貨幣屬性的核心要素。與其他指標相同，因短期波動可能性大，應運用移動平均線來理解大趨勢，它不是用來輔助短期交易用的指標。

此外，比特幣用作價值儲存手段的重要性逐漸增加，應注意到 NVT 值的平均有逐漸升高的趨勢。這代表比特幣逐漸走向數位黃金，用作價值儲存手段的屬性逐漸增強。

NVT 平均值上升：
作為價值儲存手段的屬性增加
作為支付用流通貨幣的屬性減弱

NVT 所提供的訊號相對來說較單純，這使得 NVT 成為加密貨幣市場的重要指標。NVT 比率雖然每天在變化，但可以透過這項指標，來區分市場的高估與低估區間。高 NVT 與上升趨勢代表價值走弱，也就是進入高估的訊號，在價格超過網路價值時發生。相反地，低 NVT 與下跌趨勢為價值

走強,是基本面改善的訊號,通常在網路價值超過價格,實用性推動價值上升時發生。

然而 NVT 並非追蹤比特幣價格,而是有延遲反映行情的傾向。所以它不是適用於決定買進或賣出的短期指標,而是用來理解比特幣的價值長期下來會如何變化。它是投資人用來衡量市場的健全性與趨勢的實用工具。

■ 比特幣價格 vs. NVT比率(30日移動平均)

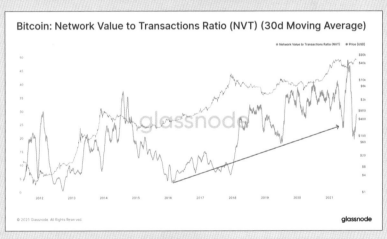

黑色折線圖為比特幣價格,橘黃色折線圖為NVT比率(30日移動平均)。

資料來源:glassnode.com

高寶書版集團
gobooks.com.tw

RI 386

比特幣超級循環：幣圈新手必讀！最即時、最好懂的比特幣投資指南，掌握上漲週期，賺到扭轉人生的財富
비트코인 슈퍼 사이클

作　　者　申旼澈 신민철
譯　　者　金學民、顏崇安
責任編輯　林子鈺
封面設計　林政嘉
內頁排版　賴姵均
企　　劃　鍾惠鈞

發 行 人　朱凱蕾
出　　版　英屬維京群島商高寶國際有限公司台灣分公司
　　　　　Global Group Holdings, Ltd.
地　　址　台北市內湖區洲子街 88 號 3 樓
網　　址　gobooks.com.tw
電　　話　（02）27992788
電　　郵　readers@gobooks.com.tw（讀者服務部）
傳　　真　出版部（02）27990909　行銷部（02）27993088
郵政劃撥　19394552
戶　　名　英屬維京群島商高寶國際有限公司台灣分公司
發　　行　英屬維京群島商高寶國際有限公司台灣分公司
法律顧問　永然聯合法律事務所
初版日期　2024 年 5 月

國家圖書館出版品預行編目（CIP）資料

比特幣超級循環：幣圈新手必讀！最即時、最好懂的比特
幣投資指南，掌握上漲週期，賺到扭轉人生的財富 / 申旼
澈 신민철著；金學民、顏崇安譯 . – 初版 . – 臺北市：英屬
維京群島商高寶國際有限公司臺灣分公司，2024.05
　　面；　　公分 .–（致富館；RI 386）

譯自：비트코인 슈퍼 사이클

ISBN　978-986-506-984-1（平裝）

1.CST: 比特幣　2.CST: 投資分析

563.146　　　　　　　　　　　　　　113006256